HOSHIORI 星栞

2023年の星占い
牡羊座

石井ゆかり

牡羊座のあなたへ
2023年のテーマ・モチーフ
解説

モチーフ：プリンアラモード

　2023年前半は牡羊座が「主役」です。2022年後半からこの「主役」の時間が続いており、既にその概要は、あなたにも見えてきているはずです。約12年に一度の、人生の発展的ターニングポイントであり、スタートラインです。年明けの段階で既にだいたいの材料は揃っていて一望できること、「なんでもアリ！」の華やかな時間帯ということで、プリンアラモードを選んでみました。バラエティゆたかな可能性を、貪欲に追求したい時です。

CONTENTS

はじめに

　こんにちは、石井ゆかりです。

　2023年は星占い的に「大物が動く年」です。「大物」とは、動きがゆっくりで一つの星座に長期的に滞在する星のことです。もとい、私が「大物」と呼んでいるだけで、一般的ではないのかもしれません。2023年に動く「大物」は、土星と冥王星です。土星は2020年頃から水瓶座に位置していましたが、2023年3月に魚座に移動します。冥王星は2008年から山羊座に滞在していましたが、同じく2023年3月、水瓶座に足を踏み入れるのです。このように、長期間一つの星座に滞在する星々は、「時代」を描き出します。2020年は世界が「コロナ禍」に陥った劇的な年でしたし、2008年はリーマン・ショックで世界が震撼した年でした。どちらも「それ以前・それ以後」を分けるような重要な出来事が起こった「節目」として記憶されています。

　こう書くと、2023年も何かびっくりするような出来事が起こるのでは？と思いたくなります。ただ、既にウクライナの戦争の他、世界各地での民主主義の危機、

4

世界的な環境変動など、「時代」が変わりつつあること
を意識せざるを得ない事態が起こりつつあります。私
たちは様々な「火種」が爆発寸前の世界で生きている、
と感じざるを得ません。これから起こることは、「誰も
予期しない、びっくりするようなこと」ではなく、既
に私たちのまわりに起こっていることの延長線上で「予
期できること」なのではないでしょうか。

　2023年、幸福の星・木星は牡羊座から牡牛座を運行
します。牡羊座は「はじまり」の星座で、この星座を
支配する火星が2022年の後半からコミュニケーション
の星座・双子座にあります。時代の境目に足を踏み入
れる私たちにとって、この配置は希望の光のように感
じられます。私たちの意志で新しい道を選択すること、
自由のために暴力ではなく議論によって闘うこと、な
どを示唆しているように読めるからです。時代は「受
け止める」だけのものではありません。私たちの意志
や自己主張、対話、選択によって、「作る」べきもので
もあるのだと思います。

《注釈》

◆ 12星座占いの星座の区分け（「3/21〜4/20」など）は、生まれた年によって、境目が異なります。正確な境目が知りたい方は、P.124〜125の「太陽星座早見表」をご覧下さい。または、下記の各モバイルコンテンツで計算することができます。
インターネットで無料で調べることのできるサイトもたくさんありますので、「太陽星座」などのキーワードで検索してみて下さい。

モバイルサイト【石井ゆかりの星読み】（一部有料）
https://star.cocoloni.jp/（スマートフォンのみ）

◆ 本文中に出てくる、星座の分類は下記の通りです。

火の星座：牡羊座・獅子座・射手座　　　地の星座：牡牛座・乙女座・山羊座
風の星座：双子座・天秤座・水瓶座　　　水の星座：蟹座・蠍座・魚座

活動宮：牡羊座・蟹座・天秤座・山羊座
不動宮：牡牛座・獅子座・蠍座・水瓶座
柔軟宮：双子座・乙女座・射手座・魚座

《参考資料》

・『Solar Fire Gold Ver.9』（ソフトウェア）/ Esoteric Technologies Pty Ltd.
・『増補版　21世紀　占星天文暦』/ 魔女の家BOOKS　ニール・F・マイケルセン
・『アメリカ占星学教科書　第一巻』/ 魔女の家BOOKS　M.D.マーチ、J.マクエバーズ
・国立天文台　暦計算室Webサイト

HOSHIORI

牡羊座 2023年の星模様

年間占い

✳ 「星の応援」が届く場所

　牡羊座の2023年は、「星に応援されている年」です。おみくじで言えば「大吉」を引くようなイメージ、嬉しいことの多い、発展的な、そしてお得な1年となりそうです。

　ただし、この「嬉しいこと」は、「みんなが親切にしてくれて、御神輿（おみこし）に乗せてくれて、わっしょいわっしょいしてくれる！」「黙って座っていたら、棚からぼた餅が落ちてくる！」といったイメージではありません。2023年の嬉しいことは、外側や他者の側からではなく、あくまであなた自身から発生するようなのです。

　たとえば、あなたの才能が開花したり、あなたの手が多くを稼ぎ出したり、あなたの健康状態が上向きになったり、あなたの隠れた問題が解決に向かったりする可能性があります。これらのことは必ずしも「自分で努力しなければならない」というような、ストイックなことではないかもしれません。半ば「自然にそうなる」こともあるはずです。ですが少なくとも、これらは「他人からの贈り物」ではないのです。

占いを読む時、たいていは「来年はどうなるのかな」と考えます。そこに思い浮かぶイメージには、「誰かが自分を好きだと言ってくれるだろうか」「誰かが自分を高く評価してくれるだろうか」「世の中で認められるだろうか」といった、「外部から来るもの」が多く含まれます。一方、「自分はどう変われるだろうか」「自分はいくら稼げるだろうか」のように、「自分自身」の側にスポットライトを当ててイメージする人は、そう多くはないだろうと思うのです。でも、2023年はきっと、あなた自身にたくさんの変化が起こります。そしてその影響で、じわじわと外界が変化していくのです。2023年の「星の応援」は、あなたの内側に届きます。そして、そこからたくさんの輝きが生まれ、あなたの周りの世界をキラキラと照らすのです。

❄ 前半は引き続き「一大ターニングポイント」

　2023年は、前半と後半で大きくイメージが異なります。前半のキーワードは「スタートする／やりとげる／変化する」です。ロケットが発射されるような、飛行機が離陸するようなイメージの時間帯です。

◇◇◇◇◇◇◇◇◇◇◇◇◇◇◇◇◇◇◇◇◇◇◇◇◇◇◇◇◇◇◇◇◇◇◇

　一方、後半のキーワードは「楽しむ／愛する／手に入れる」です。こちらはアイスキャンディーとか、チョコレートとか、豪華なレストランとか、宝石とか、そうしたもののイメージが浮かぶ時間となっています。

　まず前半は、2022年の5月に始まった「約12年に一度の、人生の一大ターニングポイント」が続いています。2022年中「ターニングポイント！」と言われていたけれども特に何もなかった、という人も、年が明けてすぐになにかしら、目立った変化が起こり始める可能性があります。この「約12年に一度の、人生の一大ターニングポイント」は、言わば「なんでもアリ」の時間帯です。転職や引っ越し、結婚や出産、家族構成の変化など、生活の中でそうしょっちゅう起こるわけではないような大きなイベントが、この1年の中では起こりやすくなるのです。こうしたイベントは一般に、単独で起こるよりは、「連動」しがちです。転職のために引っ越したり、出産や介護のために一時的に休職したり、といった連動は、ごく普通に起こります。連動の要素が多ければ多いほど、「決断」は重くなります。

◇◇◇◇◇◇◇◇◇◇◇◇◇◇◇◇◇◇◇◇◇◇◇◇◇◇◇◇◇◇◇◇◇◇◇

この一つの決断で、あれもこれも変えなければならない、となれば、誰でも慎重になります。この時期のあなたは、そうした「連動」に対して、とても果敢に、積極的に取り組むことができます。「第一志望の会社に転職したいけれど、そのためには引っ越す必要がある、しかし引っ越しは面倒だなあ、どうしよう」といった引っかかりを、この時期のあなたはすらりと乗り越えて、新しい場所に向かっていけるだろうと思います。

✳「金運」の上昇気流

年の後半は前述の通り、「楽しむ／愛する／手に入れる」がキーワードとなります。5月17日に前半の「一大ターニングポイント」のプロセスが一段落し、ふわりとした着地感を味わえるでしょう。

実際「一大ターニングポイント」の時間は、たいてい非常に忙しくなりがちです。嵐のような変化に揉まれて、リアルタイムでは「何が起こっているのかわからない」というてんやわんや状態になりやすいのです。その時期を抜け出すと、ホッとひと息つきながら「今まで何が起こっていたのか」をようやく評価できるよ

うになります。「なるほど、大変な山場を越えてきたんだな！」という振り返りの中で、自分が得た経験値の高さ、選択したことの重要さがわかってきます。

　一方、この5月半ば以降から2024年5月にかけては、「お金・モノ」に関して素晴らしい上昇気流が生まれます。平たく言って「金運が良い」時期となるのです。収入が増えたり、大きな買い物ができたりする時間帯と言えます。
　この時期の「金運」には、ある種の意外性も含まれています。たとえばビジネスで「一山当てる」ようなことができるかもしれません。ふと購入した株がしばらくして高騰する、といったことが起こるかもしれません。就職したばかりの会社の収益が一気に増えて、想定外の高額ボーナスを受け取れる、などのこともあり得ます。自分自身の経済的な選択が、少し先で「化ける」可能性があるのです。これは、「宝くじを買ったら当たった」というのとは、少し違っています。というのも、ビジネスにおける判断や、就職や投資には、リスクを取った上での主体的選択が必要になるからです。

宝くじは、購入するお店を「験担ぎ」で選ぶようなことはあるかもしれませんが、基本的には「このクジとあのクジ、どちらがいいか」と自分の能力や心情をかけて選ぶようなことにはなりません。この時期のあなたの「金運」は、あなた自身の才覚やセンス、胆力、努力などをもとにした活動に、言わば「乗っかってくる」のです。

　「金運の良いとき」と言えば「どんなにたくさん儲かるんだろう？　何が手に入るかな？」と考えたくなりますが、2023年後半はそれ以上に「手に入れたものを、どう使うか」が大きなテーマとなるかもしれません。お金は、箪笥の中にしまっておけば、何の力も持たないタダの紙切れです。それを外界においてなんらかの形で「動かした」時初めて、その力が目に見えるようになります。2023年後半から2024年前半、あなたの「お金の使い方」は、周囲の人々に少なからぬ影響を及ぼすことになるはずです。この時期、財を手にしたあなたが思い浮かべるのは、たとえば未来のことなのかもしれません。あるいは日々関わっている友達や仲間の

ことかもしれません。または、あなたが生きている「社会」のことなのかもしれません。

❄ 純粋な「人生の財産」

　さらに後半は、「才能の開花」の時間でもあります。既に自分の才能が何なのか、よくわかっている人は、それを活かす場に恵まれるでしょう。一方、「自分の才能とは何か、わからない」と感じている人には、その才能をふと引き出されるような出来事が起こります。たとえば、友達に誘われてなんとなく参加したイベントで、突然スピーチすることになり、自分の弁舌の才能に気づく、といったイメージです。あるいは友人知己とわいわい話していたら、突然「あなたはとてもおもしろい人だね！」と言われたりするかもしれません。「今の考え方は、とても新しいし、魅力的だよ！」と言われ、そのことについてよく考えた結果、新しいアクションに結びつく、といった展開も考えられます。日常の中でのさりげないほめ言葉の中に、新しい自分を発見できるかもしれません。

才能や魅力、個性などを発揮する時、一番嬉しいのは「ほめられること」ではないだろうと思います。もちろん、ほめられればそれはそれでとても嬉しいわけですが、それ以上に嬉しいのは「才能を発揮するということ、それ自体」です。自分が得意なことに取り組んで、夢中になって打ち込む時、その胸には強い高揚感や喜びが湧いてきます。できなかったことがうまくできるようになったり、試行錯誤の末に「我ながら傑作だ！」と思えるものができあがったりした時、それ自体が素晴らしい喜びとなって、その人を充たします。2023年後半、牡羊座の人々の多くが、そうした深い、大きな喜びを味わえるでしょう。自分の持ち味が「開花」した時の喜びは、一切の濁りのない、真水の喜びです。それ自体が一つの人生のゴールであり、純粋で力強い宝物となるのです。あなたがここで見出した「才能や個性を発揮する喜び」は、この時期だけに留まらず、今後の人生を輝かせる宝石の一つとして、あなたの財産に加わります。

❴ 仕事・目標への挑戦／知的活動 ❵

　約12年に一度の大転機ですから、キャリアにも大きな変化が起こる可能性があります。特に、古い環境から抜け出す人、全く新しいことにチャレンジする人が多いかもしれません。思い切った決断ができる時です。また、2022年夏頃から精力的に学んできたことを活かし、新しいことを始める人も少なくないでしょう。

　2022年の夏から2023年3月にかけては、発信力が非常に強まっています。仕事において、自分の発信力を活かす人もいるだろうと思います。

　2008年頃から、あなたは密かに、激しい野心を燃やしながら生きてきたのではないでしょうか。この長期的なプロセスの中では、野心に「取り憑かれた」ような状態を体験した人もいるかもしれません。衝動的な勝負に出たり、激烈な競争を生き抜いたり、キャリアにおいて徹底的に何かを失った後で、非常に大きなものを手にした、といったドラマティックな経験を歩んできた人もいるだろうと思います。そうした非常に激しい「仕事」の風景が、そろそろ着地点に辿り着こう

としています。この2023年3月末から2024年にかけて、あなたが過去15年ほどをかけて追い求めたものの「ゴール」が見えます。既にそれに気づいている人もいれば、この2年の中で気づく人もいるでしょう。荒波をかき分けて嵐を進んできたその先に、真にあなたが手に入れるべきものが、手に入るようです。この「手に入れるべきもの」は、2023年後半から2024年前半に、リアルな経済的成果として、ハッキリとあなたのものになる可能性があります。

　これまで、たとえば周囲の人のためとか、将来の不安のために、「やりたくない仕事を敢えて、引き受けてきた」「耐えながら仕事をしていた」という人は、2023年前半に、そのトンネルを抜け出せるかもしれません。特に2020年頃からそうした状況の厳しさを感じていた人ほど、2023年「続けたくないことは、もう続けなくてもいい」が一つのテーマとなるようです。「もう耐えなくてもいい」と判断するための条件が、いくつか揃うのかもしれません。

｛ 人間関係 ｝

　2020年頃から、交友関係がどこか「冷たくなった」と感じている人もいるはずです。社会的にも「コロナ禍」で人と会いづらい状況が続いてきたので、それも当然と思えるかもしれません。特に牡羊座の人々は、「友達と交流できない」ということに強い不安やストレスを感じていたのではないかという気がします。友情というもの自体に、深い疑いを抱いて距離を取った人もいるかもしれません。そんな心理的状況から脱出するのが、この春です。3月以降、雪解けのようにあたたかな友情を「取り戻す」ことができるでしょう。

　2022年晩夏から熱いコミュニケーションの中にいたあなたですが、その「熱」は、論争や口論など、ある種のストレスに繋がっていた部分もあるはずです。2023年3月末、この「熱いコミュニケーション」から抜け出し、ホッとひと息つけるでしょう。さらに6月からは素晴らしい愛の季節が続きます。人間関係は2023年を進むほど、全体的に優しく、やわらかく、ストレスの少ない、愛に溢れるものになるはずです。

　2022年半ばから2023年5月は、あなたという人が

「一回り大きくなる」ような、精神的成長期でした。自分が成長すれば、人間関係もそれに合わせて、自然に変わっていきます。人が大きくなれば、関わりも大きくなります。それを実感できるような出会いと関わりが日を追うほど、増えていくだろうと思います。

お金・経済活動

　5月半ばから2024年5月にまたがって、約12年に一度の「経済活動の拡大期」となります。稼ぐほうも使うほうも、スケールアップするはずです。自分の力で何かを勝ち取り、獲得し、生み出し、使う喜びを、年の半ば以降存分に味わえるでしょう。

健康・生活

　2022年5月から2023年5月の「一大転機」は、体質が変わるような変化も起こりやすい時です。自ら「肉体改造」を試みる人もいれば、年齢を受け入れて新たなライフスタイルを創造しようとする人もいるはずです。まずは身体の発する「今の声」を聴いて。

◉ 2023年の流星群 ◉

「流れ星」は、星占い的にはあまり重視されません。古来、流星は「天候の一部」と考えられたからです。とはいえ流れ星を見ると、何かドキドキしますね。私は、流れ星は「星のお守り」のようなものだと感じています。2023年、見やすそうな流星群をご紹介します。

4月22・23日頃／4月こと座流星群
例年、流星の数はそれほど多くはありませんが、2023年は月明かりがなく、好条件です。

8月13日頃／ペルセウス座流星群
7月半ばから8月下旬まで楽しめます。三大流星群の一つで、条件がよければ1時間あたり数十個見られることも。8月13日頃の極大期は月明かりがなく、土星や木星が昇る姿も楽しめます。

10月21日頃／オリオン座流星群
真夜中過ぎ、月が沈みます。土星、木星の競演も。

12月14日頃／ふたご座流星群
三大流星群の一つで、多ければ1時間あたり100個程度もの流れ星が見られます。2023年の極大期は月明かりがなく、こちらも好条件です。

HOSHIORI

牡羊座 2023年の愛

年間恋愛占い

♥ 急激な成長期ゆえの、新しい愛のドラマ

　前述の「星々の応援」は、牡羊座の人々の「愛」にも、ダイレクトに届きます。カップルも、愛を探している人も、素晴らしい恋愛ができる年なのです。

　2022年5月から2023年5月にかけて「約12年に一度の、人生の一大ターニングポイント」にさしかかっている牡羊座の人々ですが、この「ターニングポイント」は、「人生を変えるような出来事」ならなんでもアリなのです。ゆえに、人生を変える出会い、人生を変える恋、人生を変える結婚などが起こりやすいのです。

　この期間は、実はあなた自身の急激な成長期です。成長していく人は、非常に魅力的なものです。成長しつつある人は目立ちますし、キラキラしていますし、自然に人の心を捉えます。この時期のあなたの「愛」は、あなた自身の成長と直結しています。また、人は成長すると、「人を見る目」も変わります。これまで全く射程外だった人が突然魅力的に見えてきたなら、それはあなた自身の人間的成長を反映した「世界の変化」です。私たちは、自分自身の変化の兆候をまず、「外界の

変化」として認識するのです。

♥ 6月から10月上旬の「特別な愛の季節」

　星占いで「愛の星」と言えばヴィーナス、金星です。この金星があなたに、2023年初夏から秋口にかけて、素晴らしい愛の上昇気流を贈ってくれます。もし年の前半に何も目立ったことがなかったとしても、ガッカリする必要はありません。むしろ、後半のほうが強い愛の流れが生じているのです。カップルも、愛を探している人も、この時期は純粋に「嬉しい！」と思える愛のドラマを生きることができるでしょう。ロマンティシズム、何かを純粋に好きだと感じる気持ち、人のいいところを探そうとする姿勢、ストレートに愛情表現する勇気。たとえばそうした思いがこの時期、あなたの愛に素晴らしい好循環をもたらすはずです。

｛ パートナーを探している人・結婚を望んでいる人 ｝

　非常に有望な1年です。年の前半は特に「人生をともに歩むパートナーを探す」という、どこか建設的な意識が強まるかもしれません。その思いにフィットす

る相手に巡り合いやすいでしょう。2022年8月末から精力的に動き回ったり、学んだり、発信活動やコミュニケーションに力を注いだりしている人が多いはずですが、そうした活動の中に愛の芽が見つかる可能性があります。熱い議論を闘わせていた相手と、いつのまにか愛を語り合っていた、といった展開も考えられます。知的な刺激が愛の交流へと発展しやすいのです。

6月以降の出会いは一転して、「恋」がメインテーマです。誰かを好きだという気持ち、純粋な恋愛感情が、あなたの世界を充たします。たとえば、一般に「パートナーにするなら、こんな条件を備えた人がいい」といった談義がありますが、「恋」の感情はそんな条件設定を簡単に飛び越えてしまいます。2023年半ば以降の出会いは、あなた自身も驚くような、意外な相手とのものになるかもしれません。

｛ パートナーシップについて ｝

カップルにも、愛の追い風が強く吹く1年です。特に年の前半は、あなた自身の成長期であり、相手との関わり方も変化していきそうです。これまでよりも相

24

手のことがよくわかるようになったり、思いやりを素直に表現できるようになったりするはずです。

　一方、年の前半はあなた自身が非常に忙しかったり、強い変化に晒されていっぱいいっぱいになってしまったりした結果、余裕のなさから口論が勃発する、という可能性もあります。ただ、この時期はむしろあなた自身の成長や転機をテーマとして、普段よりも相手としっかり話し合える時期とも言えるのです。「これは自分のことで、相手には関係ないから、話さずにおこう」と考えるよりも、「ちゃんと相手にもわかっておいてもらいたい」という思いを前に出すほうが、結果的に関係は好転するだろうと思います。

　6月から秋口の時間帯は、愛し合う喜びを深く、強く感じられるでしょう。デートの回数も増えそうですし、お互いに「惚れ直す」ような展開もありそうです。

﹛ 片思い中の人・愛の悩みを抱えている人 ﹜

　年の前半は、思い切った対話ができそうです。これまで言えなかったことをストレートにぶつけられます。「人生を変える」ような決断ができる時期なので、自分

が本当に欲しい未来のために、かなりハッキリした行動を起こせるはずです。6月以降、愛が一気に上昇気流に包まれます。片思い中の人はこの時期、自分でもびっくりするほど「愛を進展させる」力が湧いてくるはずです。あるいは全く別の方向で、意外な愛が芽生える可能性も。

｛ 家族・子育てについて ｝

　3月末から5月中旬にかけて、「家族・居場所」に関して大きめの動きが起こるかもしれません。全力で取り組みたい時です。6月から10月は、子供を授かる人も多いでしょう。この時間は子育てにも嬉しいことがたくさん起こりそうです。

｛ 2023年　愛のターニングポイント ｝

　2月下旬から3月半ば、5月下旬から10月半ば、年末から年明け1月に、愛の強い追い風が吹きます。
　特に7月末から8月中旬は、是非自分からアクションを起こしてみたい時間帯です。

HOSHIORI

牡羊座 2023年の薬箱

もしも悩みを抱えたら

❖ 2023年の薬箱 〜もしも悩みを抱えたら〜

　誰でも日々の生活の中で、迷いや悩みを抱くことがあります。2023年のあなたがもし、悩みに出会ったなら、その悩みの方向性や出口がどのあたりにあるのか、そのヒントをいくつか、考えてみたいと思います。

◆「殻に閉じこもる」ような心の動き

　不思議といつもより受動的になったり、人と関わるのを避けたくなったりするかもしれません。いつになくあれこれ想像して疑心暗鬼に陥ったり、他者に対して「カベを作る」ような気持ちになる人もいそうです。この時期、「ひきこもりたくなる」人もいれば、「一人になるとむやみに不安になるので、できるだけ人といるようにする」人もいるだろうと思います。共通しているのは「一人でいる時間」の感覚が、いつもとは違っている点です。ただ、こうした現象はあなたの「内側」で起こっていることで、自分自身との時間をかけた深い対話や、場合によってはカウンセリングなどの場で解消されていきます。第三者からはこの現象はよ

く見えないはずです。辛い時は、信用できる人に話を
聞いてもらうことが一番です。

◆直接会って話すことで、防げる摩擦

　3月までは、口論や議論が多いかもしれません。ちょっとしたことで衝突したり、苛立ったりしてしまう人も。人に直接会う機会が少なくなっている昨今ですが、できるだけ「直接会って話す」ことを心がけると、無用の摩擦を防げるようです。時間より心を大切に。

◆「野心」の到達点

　2008年頃から追いかけ続けてきたものを、そろそろ「卒業」することになるかもしれません。野心の火が消えたように感じられ、不安や空虚感、徒労感などが湧いてくることもあるかもしれませんが、今起こっていることの本質は「達成」なのです。できなかったことよりできたこと、獲得したことに目を向けて。

2023年のプチ占い（牡羊座〜乙女座）

牡羊座（3/21-4/20生まれ）

年の前半は「約12年に一度のターニングポイント」のまっただ中。新しい世界に飛び込んでいく人、大チャレンジをする人も。6月から10月上旬は「愛の時間」に突入する。フレッシュで楽しい年に。

牡牛座（4/21-5/21生まれ）

仕事や社会的立場にまつわる重圧から解放された後、「約12年に一度のターニングポイント」に入る。何でもありの、自由な1年になりそう。家族愛に恵まれる。「居場所」が美しくゆたかになる年。

双子座（5/22-6/22生まれ）

2022年8月からの「勝負」は3月まで続く。未来へのチケットを手に入れるための熱い闘い。仲間に恵まれる。さらに2026年にかけて社会的に「高い山に登る」プロセスに入る。千里の道も一歩から。

蟹座（6/23-7/23生まれ）

5月までは「大活躍の時間」が続く。社会的立場が大きく変わる人、「ブレイク」を果たす人も。年の後半は交友関係が膨らみ、行動範囲が広がる。未来への新たなビジョン。経済的に嬉しい追い風が吹く。

獅子座（7/24-8/23生まれ）

年の前半は「冒険と学びの時間」の中にある。未知の世界に旅する人、集中的に学ぶ人も。6月から10月上旬まで「キラキラの愛と楽しみの時間」へ。嬉しいことがたくさん起こりそう。人に恵まれる。

乙女座（8/24-9/23生まれ）

年の前半は「大切な人のために勝負する」時間となる。挑戦の後、素晴らしい戦利品を手にできる。年の後半は未知の世界に飛び出していくことになりそう。旅行、長期の移動、新しい学びの季節へ。

（※天秤座〜魚座はP.96）

HOSHIORI

牡羊座 2023年 毎月の星模様

月間占い

◈ 星座と天体の記号

「毎月の星模様」では、簡単なホロスコープの図を掲載していますが、各種の記号の意味は、以下の通りです。基本的に西洋占星術で用いる一般的な記号をそのまま用いていますが、新月と満月は、本書オリジナルの表記です（一般的な表記では、月は白い三日月で示し、新月や満月を特別な記号で示すことはありません）。

♈：牡羊座	♉：牡牛座	♊：双子座
♋：蟹座	♌：獅子座	♍：乙女座
♎：天秤座	♏：蠍座	♐：射手座
♑：山羊座	♒：水瓶座	♓：魚座
☉：太陽	●：新月	○：満月
☿：水星	♀：金星	♂：火星
♃：木星	♄：土星	♅：天王星
♆：海王星	♇：冥王星	
℞：逆行	Ð：順行	

◆ 月間占いのマーク

また、「毎月の星模様」には、6種類のマークを添えてあります。マークの個数は「強度・ハデさ・動きの振り幅の大きさ」などのイメージを表現しています。マークの示す意味合いは、以下の通りです。

マークが少ないと「運が悪い」ということではありません。言わば「追い風の風速計」のようなイメージで捉えて頂ければと思います。

★彡　特別なこと、大事なこと、全般的なこと

✊　情熱、エネルギー、闘い、挑戦にまつわること

🏠　家族、居場所、身近な人との関係にまつわること

¥　経済的なこと、物質的なこと、ビジネスにおける利益

✏️　仕事、勉強、日々のタスク、忙しさなど

♥　恋愛、好きなこと、楽しいこと、趣味など

1

JANUARY

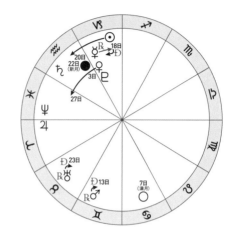

◆「一時停止」からの脱出。

10月末頃からコミュニケーションや出張、旅行などに関すること
で、混乱や停滞があったなら、13日頃を境に正常化しそうで
す。意欲は燃えているのになかなか前に進めない、という状態
から解放されます。再びスピードを上げて突き進める時間に入
ります。22日前後、とても嬉しい出来事の気配も。

◆自分自身の「影響力」。

仲間や友達との関係があたたかな愛に溢れ、とても楽しいもの
となりそうです。ただ、この時期は「楽しい」だけではなく、そ
こに熱さや真剣さ、視野の広さが含まれています。友達といつ
になく真面目な話をしたり、社会や未来のことについて議論し

たりすることになるかもしれません。仲間とも、不思議と「もっと長い目で何をやっていくべきか、考えよう」というふうに、大きなテーマで語り合う機会が増えそうです。あなた自身の発言力が強まっている時なので、あなたの一言で周囲の態度がガラッと変わることも。自分の言葉の影響力の強さに、自分でもびっくりさせられるかもしれません。

◆身近な人と、お金やモノについて話す。
7日前後、住処やお金など物質条件が「動く」気配が。家族や身内と、お金についてオープンに語り合えそうです。

♥オープンな雰囲気に包まれる愛。
爽やかな追い風が吹いています。カップルもフリーの人も、オープンな雰囲気の中で建設的な愛を生きることができそうです。愛を探している人は、交友関係の中から地に足のついた出会いを見つけられるかもしれません。カップルは、ここまで混乱気味だったコミュニケーションが正常化します。

》》 1月 全体の星模様 《

年末から逆行中の水星が、18日に順行に戻ります。月の上旬から半ば過ぎまでは、物事の展開がスローペースになりそうです。一方、10月末から双子座で逆行していた火星は、13日に順行に転じます。この間モタモタと混乱していた「勝負」は、13日を境に前進し始めるでしょう。この「勝負」は去年8月末からのプロセスですが、3月に向けて一気にラストスパートに入ります。

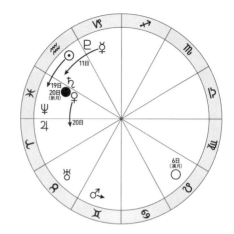

◆「応えてもらえる」時。　★゠★゠

交友関係に爽やかな追い風が吹きます。特に、過去2〜3年の中で友達や仲間に対してなにかと努力して働きかけてきたことがある人は、この時期あなたの頑張りにみんなが「応えてくれる」ような場面がありそうです。コツコツ夢を追いかけてきた人にも、夢が「応えて」くれそうです。

◆どうしたら収穫を最大化できるか。　¥¥¥

月の上旬は、かなり忙しくなりそうです。ここでの忙しさは「収穫の忙しさ」です。獲りきれないほどたくさんの実りがある中で、できるだけたくさん収穫しなければならないのです。これまで大きなものを目指してきた人ほど、ここでは「収穫の最大

化」が非常に重要な意味を持つはずです。

◈人の「魅力」を作る、心充たす時間。 ♥ ♥
「一人での楽しみ」が大切な時です。人と関わる場が多い時期ですが、その一方で「自分で自分の心を充たす」ことが必要なのです。普段、自分のことは棚に上げて人のために頑張っている人ほど、ここでは「自分自身の喜び」を重視することで、新しい活力が湧き、人間的魅力が輝きを増します。

♥中旬までは「救い」、下旬は「華やかさ」がテーマに。 ♥ ♥
上旬から中旬は「愛の救い」を感じられる時間帯です。カップルはお互いの痛みや疲れを癒し合えるでしょう。二人だけの時間の中で、心の活力を回復できそうです。愛を探している人は、誰にも伝えずに「こっそり探す」と愛を見つけやすいかもしれません。6日前後、愛についての働きかけが実を結びます。月の下旬に入ると、愛が華やかに活性化します。思い切った愛情表現、アプローチが功を奏します。

》》 2月 全体の星模様 《

金星が魚座、水星が水瓶座を運行します。両方とも「機嫌のいい」配置で、愛やコミュニケーションがストレートに進展しそうです。6日の獅子座の満月は天王星とスクエア、破壊力抜群です。変わりそうもないものが一気に変わる時です。20日は魚座で新月が起こり、同日金星が牡羊座に移動、木星と同座します。2023年前半のメインテーマに、明るいスイッチが入ります。

3

MARCH

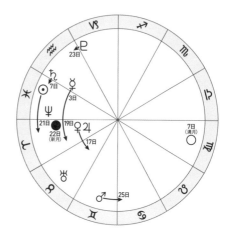

◆**なにごとも肯定できる、楽しい時。**

とても楽しい時間です。星占いで「吉星」とされる二星が両方
ともあなたの星座に位置しており、まるでパーティーのような
状態なのです。ストイックにあれこれ考えるより、とにかく楽
しむこと、愛すること、何かに夢中になることを優先したい時
です。少々怠けても大丈夫、心の滋養になります。

◆**「一人じゃない」と思える、希望の光。**

2020年頃から交友関係において孤独感があったり、仲間と疎遠
になっていたりした人は、その距離感が消えそうです。友達や
仲間の「一員」としての自分に再会できる時なのです。将来に
ついて悲観的になっていた人、夢を諦めかけていた人も、はっ

と我に返るように、「もっと希望を持とう！」と思えるかもしれません。世の中に対するシニカルな眼差し、他者に対する失望なども、今月を境に消えていくでしょう。

◇下旬以降、仕事がはかどる。
月の下旬になると、きりっと気持ちが引き締まり、やる気が出てきます。あちこちから声がかかり、かなり忙しくなりそうですが、不思議と安定的に、安心して動けます。

♥コミュニケーションから「トゲ」が抜ける。 🖤 🖤 🖤
17日まで、愛の星・金星があなたのもとに滞在します。あなたの魅力に強いスポットライトが当たり、いろいろな人から声をかけられそうです。自分からも、愛のために積極的に動けます。最近パートナーと口論が多かった人は、25日を境にコミュニケーションの「トゲ」が消えるでしょう。愛を探している人は、イメージチェンジが出会いのきっかけとなる可能性が。月の全体を通して出会いのチャンスが多い時です。

▶▶ 3月 全体の星模様 ◀◀

今年の中で最も重要な転換点です。土星が水瓶座から魚座へ、冥王星が山羊座から水瓶座へと移動します。冥王星は6月に一旦山羊座に戻りますが、今月が「終わりの始まり」です。多くの人が長期的なテーマの転換を経験するでしょう。去年8月下旬から双子座に滞在していた火星も冥王星の翌々日25日に蟹座に抜けます。この月末は、熱い時代の節目となりそうです。

MONTHLY
HOROSCOPE

4

APRIL

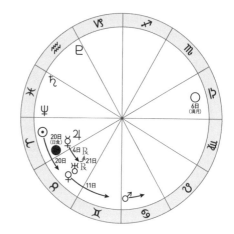

◆**新しいスタート、居場所も「動く」。** 🏠🏠🏠

活力に溢れる、忙しい時間帯です。自分から積極的にリーダー
シップを執り、新しいことを始められます。特に20日前後、大
胆なスタートを切る人が少なくないでしょう。居場所が大きく
動く時期でもあります。引っ越しや模様替え、家族構成の変化
など「いつもの暮らしの風景」が変化しそうです。

◆**楽しい対話、楽しい学び。**

いろいろな人との対話がとても楽しくなります。フットワーク
よく動き回り、人の輪を広げられる時です。去年の夏頃から熱
い議論を交わした相手、ケンカしていた相手と、ここで親和的
な関係を結び直せるかもしれません。学ぶこともとても楽しく

40

なります。兄弟姉妹の関係も好転しそうです。

◆経済的な「流れ」の改善。

月の下旬以降、経済的な「整理整頓」の時です。手持ちのアイテムを「棚卸し」したり、不要品を処分したりする人も多いでしょう。普段どんぶり勘定の家計をきちんと把握するため、家計簿をつけ始める人も。お金の流れを改善できます。

♥優しい言葉を交わせる時。　♥ ♥

中旬から下旬にかけて、愛のコミュニケーションが華やかに盛り上がります。去年の夏以降、パートナーとケンカしがちだった人は、ここで盛大に仲直りできるかもしれません。愛のこもった優しい、あたたかい言葉を交わせます。片思い中の人は、声をかけるきっかけを掴みやすいでしょう。本やDVDの貸し借りなどがやりとりのきっかけになる気配も。愛を探している人は、地域のイベントなどに参加してみると、きっかけを掴めるかも。6日前後、愛のドラマが大きく進展します。

≫≫ 4月 全体の星模様 ≪

昨年8月下旬から火星が位置した双子座に11日、金星が入ります。さらに水星は21日からの逆行に向けて減速しており、「去年後半から3月までガンガン勝負していたテーマに、ふんわりとおだやかな時間がやってくる」ことになりそうです。半年以上の激闘を労うような、優しい時間です。20日、木星が位置する牡羊座で日食が起こります。特別なスタートラインです。

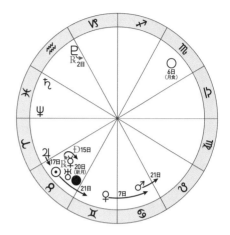

◆一大転機が「着地」する。 ★✍★✍

2022年5月半ばからの「約12年に一度のターニングポイント」の時間帯が、この17日で収束します。これまで嵐のような激動の中に身を置いていた人も、月の半ばを過ぎるとホッとひと息つけそうです。物事に安定感が出てくるとともに、先の見通しがスパッと明るくなります。着地感のある月です。

◆経済活動における混乱は、半ばに収束。 ¥

経済活動において少々混乱や停滞があるかもしれませんが、15日までには収束しそうです。この間、過去に失ったものが戻ってきたり、損失を取り戻せたりする気配もあります。また、この時期に失ったものは後で返ってくる可能性が。

◈バタバタしつつも、楽しい我が家。

「居場所が動く」時間が21日まで続きます。バタバタと家の中が落ち着かないかもしれませんが、その割に身近な人との意思疎通はスムーズですし、楽しいことも多いでしょう。「身内」同士を結びつける愛を実感できる時です。

♥下旬から、愛の情熱の時間へ。

月の中旬まではどちらかと言えば穏やかな雰囲気に包まれています。カップルは外に出るより「おうちデート」したくなりそうですし、一緒に家事や料理をするなど、普段の生活の中で愛を育める時間です。月の下旬になるとムードが一変し、愛が熱く燃え上がる、情熱のドラマの時間に入ります。これまで自分のことが忙しくて恋愛は後回し！というモードだった人も、今月下旬に恋愛スイッチがONになりそうです。愛を探している人は生活の、言わば「半径5メートル以内」に注意深く目を向けると、意外な出会いがあるかもしれません。

5月 全体の星模様

3月に次いで、節目感の強い月です。まず6日、蠍座で月食が起こります。天王星と180度、この日の前後にかなりインパクトの強い変化が起こるかもしれません。15日に逆行中の水星が順行へ、17日に木星が牡羊座から牡牛座に移動します。これも非常に強い「節目」の動きです。約1年の流れがパッと変わります。21日、火星と太陽が星座を移動し、全体にスピード感が増します。

MONTHLY
HOROSCOPE

6

JUNE

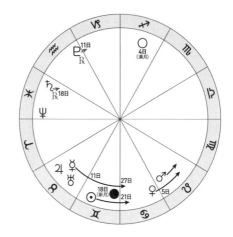

◆ とにかく楽しい季節。　　　　　

楽しい時期です。遊びや趣味など、楽しみのための活動に全力
で取り組めます。夢中になれるものに出会い、のめり込んでい
く人もいるでしょう。クリエイティブな活動をしている人には、
大きなチャンスが巡ってきそうです。自分史上最高傑作が生ま
れるかも。好きなことのために散財する人も。

◆ 「台風一過」の振り返り。　　　　

去年の5月から激動の時間を過ごしてきた後で、「台風一過」、ホ
ッとひと息ついている人が少なくないはずです。今月は一転し
てリラックスした気分の中、これまでに起こったことを様々に
考え、語る機会を得られそうです。振り返りの中で新しい発見

44

もあるかもしれません。リアルタイムではトラブルとしか思え
なかったことが「奇貨」だったとわかるかも。

◆経済活動の仕切り直し、リスタート。 ¥ ¥

月の上旬は、お金や物に関して「棚卸し」のような作業が進む
かもしれません。現状をしっかり整理して、新しく必要なもの、
欲しいものに照準を合わせられます。貪欲に。

♥ロマンティックを「演出」する。

2023年の中で最も強い愛の追い風が吹く時間帯です。愛につい
て積極的に動けますし、嬉しいことがたくさん起こるでしょう。
これまで忙しすぎて恋愛に意識が向かなかった人も、多忙さが
一段落したところで、恋愛に集中できるように。あちこちから
遊びに誘われる中で、一気に意気投合してロマンスに飛び込ん
でいく人も少なくないかもしれません。カップルはアクティブ
に動きたい時です。ロマンスは少なからず「演出」が物を言い
ます。雰囲気のある場所に出かけてみて。

≫ 6月 全体の星模様 ≪

火星と金星が獅子座に同座し、熱量が増します。特に3月末から
蟹座にあった火星はくすぶっているような状態にあったので、6
月に入ると雨が上がってからっと晴れ上がるような爽快さが感じ
られるかもしれません。牡牛座に入った木星は魚座の土星と60度
を組み、長期的な物事を地に足をつけて考え、軌道に乗せるよう
な流れが生まれます。全体に安定感のある月です。

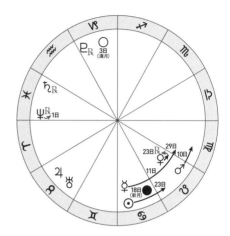

MONTHLY
HOROSCOPE

7

JULY

◆「やりたいこと」から「やるべきこと」へ。

上旬は6月に引き続き、やりたいことに集中できる、とても情熱的な時間です。中旬に入ると「やりたいこと」に加えて「やるべきこと」にも意識が向かいます。かなり忙しくなりますし、新しい役割を引き受ける人も。月末以降はさらに、腰を据えて、時間をかけて取り組むべきタスクが浮上します。

◆欲しいものがあるから、頑張れる。

この時期の忙しさには、明確な目的意識が込められています。特に「稼ぐために働く」とか「欲しいものを手に入れるために行動を起こす」など、努力と物質的な成果が直結しているようです。「何が欲しいか」がハッキリしているほど、日々の活動にお

いて動きやすくなるはずです。「欲」を大切に。

◆**成果と報酬の大満足。**

3日前後、仕事や対外的な活動において大きな成果を挙げられ
そうです。素敵な「御褒美」や報酬を手にできます。

♥**リアルな興味関心が、愛の入り口に。** ♥ ♥ ♥

先月に引き続き、愛の季節の中にあります。熱い情熱の勢いは
上旬で一段落しますが、「愛の星」は10月上旬まであなたの愛
の世界を力強く明るく照らし続けます。さらに、コミュニケー
ションの星・水星が愛の部屋に入り、一気に賑やかな雰囲気が
出てきます。カップルは愛を率直に語り合う時間をたくさん持
てるでしょうし、一緒に出かけたり、活動したりする機会も増
えるでしょう。愛を探している人は、「具体的な興味」が出会い
のきっかけになるかもしれません。仕事への関心や物質的な「欲
しいもの」への欲望、関心などが、同じ思いを共有できる相手
との関わりに繋りそうです。

>>> **7月 全体の星模様** <<<

10日に火星が獅子座から乙女座へ、11日に水星が蟹座から獅子座
へ移動します。火星が抜けた獅子座に金星と水星が同座し、とて
も爽やかな雰囲気に包まれます。5月末から熱い勝負を挑んでき
たテーマが、一転してとても楽しく軽やかな展開を見せるでしょ
う。一方、乙女座入りした火星は土星、木星と「調停」の形を結
びます。問題に正面から向き合い、解決できます。

MONTHLY
HOROSCOPE

8

AUGUST

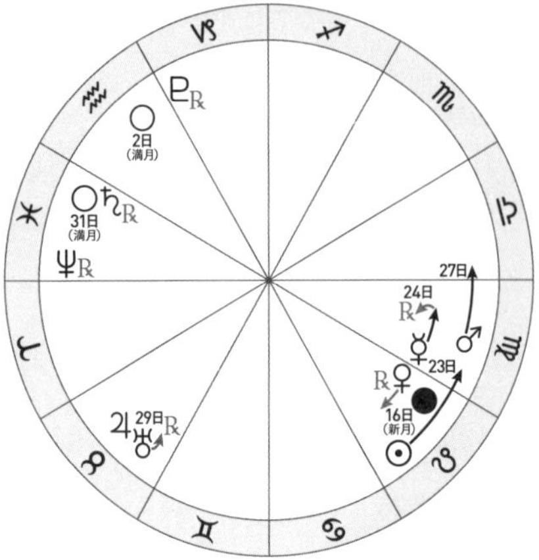

◈現状に集中する人、現状を変える人。

密度の濃い忙しさのある時です。今の自分だからこそできることにぐっと集中し、素晴らしいパフォーマンスを出せそうです。実力を発揮する場に恵まれます。一方、現状が自分に合わないと思える人は、転職活動など根本的な状況の改善に取り組めます。現実的に、徹底的に行動を起こせる時です。

◈リアクションが薄くても、大丈夫。

クリエイティブな活動が活性化しています。6月頃から制作活動、自己表現、独自のアイデアを活かすような活動、個性を活かせる活動に打ち込んでいる人も少なくないはずです。特に、自分の意志で物事を動かしていくことが重要です。というのも、こ

の時期は能動的に行動しても、リアクションやフィードバックがすぐには返ってこない気配があるのです。それでもめげずにしっかり種を蒔いていけば、少しタイムラグを置いて、しっかりした結果が出ます。スランプに陥っても9月半ばには出口が見えます。決して焦らないで。

♥混乱や停滞感があっても、本質的には絶好調。

絶好調の愛の季節が、今月も続いています。とはいえ、今月のストーリー展開には、少々もどかしいところがあるかもしれません。期待通りに物事が運ばなかったり、タイミングが噛み合わなかったりと、「さくさく進む」わけにはいかない部分があります。ただ、恋愛は「うまくいかないとき、どうするか」に最も個性が出る分野でもあります。このタイミングでのズレや停滞は、実は本質的な問題ではなく、時間が解決してくれます。焦ったり無理に状況を変えようとしたりするより「愛する人として、一番誠実な生き方・王道は何か」を考えると、自然に望ましい場所に辿り着くはずです。

≫≫ 8月 全体の星模様 ≪

乙女座に火星と水星が同座し、忙しい雰囲気に包まれます。乙女座は実務的な星座で、この時期多くの人が「任務」にいつも以上に注力することになりそうです。一方、獅子座の金星は逆行しながら太陽と同座しています。怠けたりゆるんだりすることも、今はとても大事です。2日と31日に満月が起こりますが、特に31日の満月は土星と重なり、問題意識が強まりそうです。

9

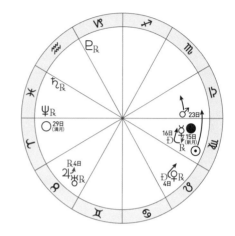

◆**全力でぶつかれる相手。**

人間関係に熱がこもります。誰かと一対一で「真剣勝負」することになりそうです。ライバルと競い合ったり、タフな交渉に臨んだり、普段関わっている人としっかり議論したりすることになるかもしれません。手加減なしでぶつかっていきたい時です。月末、一つの着地点を見出せそうです。

◆**先を急がず、とにかく柔軟に。**

7月中旬から奮闘し続けているテーマが、月の前半は「暗礁に乗り上げた」ような状態になるかもしれません。突然作業を中断せざるを得なくなったり、関係者がついてこられなくなったり、あなた自身が体調を崩したりする場面もあるかもしれませ

ん。この混乱や停滞は月の半ばを境に正常化に向かいます。なんらかの理由で立ち止まることになっても、そのこと自体は決して悪いことではありませんし、多くの問題は時間が解決してくれます。先を急がず、「今目の前にあるもの」に集中し、遅れてくる人のことは待ってあげながら、柔軟に対応したい時です。15・16日を境に状況が突然好転する可能性も。

♥絶好調、フルスロットル。

6月からの好調期が7月で中断したように感じている人もいそうですが、4日を境に再び、絶好調の手応えを感じられるでしょう。ここから10月上旬まで、目一杯にキラキラの愛の季節を満喫できます。パートナーとはごく情熱的な時間を過ごせるでしょう。ただ、「熱」が勢い余って衝突に至る危険も。あくまで「愛」の甘さを大切にしたい時です。愛を探している人は、出会いに恵まれます。情熱的なアプローチを受けることになるかもしれません。紹介者やマッチングサービスなど「仲介」も頼りになります。とにかく動いてみて。

≫≫ 9月 全体の星模様 ≪

月の前半、水星が乙女座で逆行します。物事の振り返りややり直しに見るべきものが多そうです。15日に乙女座で新月、翌16日に水星順行で、ここが「節目」になるでしょう。物事がスムーズな前進に転じます。8月に逆行していた金星も4日、順行に戻り、ゆるみがちだったことがだんだん好調になってきます。火星は天秤座で少し不器用に。怒りのコントロールが大切です。

10

OCTOBER

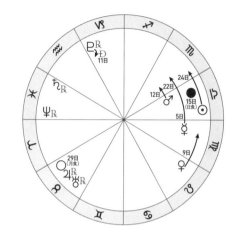

◆**中旬以降、踏み込んだコミットが起こる。**

月の上旬は熱い人間関係が続いています。「真剣勝負」を戦い抜けます。中旬に入ると火花が散るような「熱」は落ち着き、一転してとても現実的な、地に足のついた意欲が湧いてきそうです。人から「良くしてもらう」シーン、人の世話を引き受けるシーンなど、踏み込んだあたたかなコミットが生じます。

◆**衝突の後の、丁寧な調整。**

前述の通り、12日には人との摩擦や衝突が一段落しますが、その後「しっかり話し合い、細かい調整を行う」という作業が発生しそうです。勝負がついたところで「そのあと」の現実的な相談ができるのは、嬉しいことだろうと思います。先月からの

緊張感や対立の感情を引きずることなく、腹を割って話せる状況が生まれるでしょう。あなたの人間力と相手の優しさが折り合い、気持ちのいい対話が紡がれます。

◆ **素晴らしい「戦利品」が手に入る。**

15日前後、公私ともにとても重要な出会いがありそうです。このタイミングで出会った相手は、あなたの価値観を少なからず変えてくれるかもしれません。月末、とても素敵なものが手に入りそうです。努力の結果の「戦利品」です。

♥ **いたわりあう気持ち。**

月の上旬は引き続き、絶好調の時間の中にあります。月の中旬に入ると、勢いよりも濃やかさ、丁寧さにスポットライトが当たりそうです。恋愛関係においてはお互いを気遣い、いたわる気持ちがとても大切ですが、この時期はお互いにそうした面を見せ合えそうです。愛を探している人は月の半ば、ドラマティックな出会いがあるかも。一歩前に出て。

》10月 全体の星模様 《

獅子座の金星が9日に乙女座へ、天秤座の火星が12日に蠍座へ、それぞれ移動します。月の上旬は前月の雰囲気に繋がっていますが、中旬に入る頃にはガラッと変わり、熱いチャレンジの雰囲気が強まるでしょう。15日、天秤座で日食が起こります。人間関係の大きな転換点です。月末には木星の近くで月食、2023年のテーマの「マイルストーン」的な出来事の気配が。

11

NOVEMBER

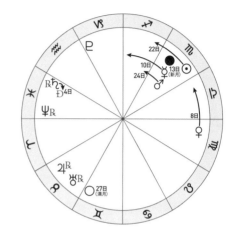

◆「お世話した」ことへの返礼。　　　　♥ ♥ ♥

好調です。いろいろな「いいもの」が他者の手からあなたのもとに贈られてきます。その一つ一つがあなたの心にしっくり馴染み、心から「嬉しい！」と感じられるでしょう。人との距離がとても近くなります。先月までに苦労して「人のため」にしたことが、今月大きく報われるようです。

◆「流言飛語」の季節。　　　　　　　　

中旬以降、遠くにいる人と、活発にやりとりすることになりそうです。また、勉強や研究、発信活動など、知的活動に爽やかな勢いが出てきます。新しい知識や情報をくれる人々に出会い、知的な行動範囲を拡大できるでしょう。ただ、「流言飛語」に注

意が必要かもしれません。外部からたくさんの情報が流入するのですが玉石混淆で、時間をかけた吟味を要するのです。大事なのは「受け取った上で、保留する」ことです。すぐに判断したり反応したりせず、判断しないまま「しばらく塩漬けにしておく」と、情報の真価がいずれわかります。間違った伝達をした時は素直に認めてすぐ訂正を。

◉「救い」となる対話。

月末、とても大事なコミュニケーションが発生します。あなたの密かな悩みについて、救いのある話ができそうです。

♥相手から自分の手へ、愛が渡される。 ♥ ♥ ♥

たくさんの愛を受け取れる、素晴らしい季節です。特に8日以降、カップルもフリーの人も、愛の関わりを心から楽しめるでしょう。相手に頼ることで、相手の内なる愛が増幅します。愛を探している人は、人の紹介が期待できます。友人、知人にお願いしてみて。13日頃、面白いチャンスが。

》》11月 全体の星模様 《

火星は24日まで蠍座に、金星は8日から天秤座に入ります。どちらも「自宅」の配置で、パワフルです。愛と情熱、人間関係と闘争に関して、大きな勢いが生まれるでしょう。他者との関わりが密度を増します。水星は10日から射手座に入りますが、ここでは少々浮き足立つ感じがあります。特に、コミュニケーションや交通に関して、「脱線」が生じやすいかもしれません。

12

DECEMBER

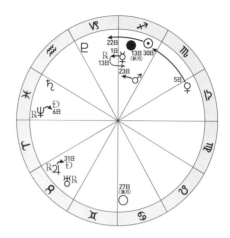

◆**武器になる知恵。**　　　　　　　　　　　　　　　

「学びと冒険の季節」です。遠く遠征に出る人もいれば、精力的
に勉強に打ち込む人もいるでしょう。新たな活動のフィールド
を開拓できそうです。この時期は特に「専門性を鍛える」「手に
職をつける」ような学びに意識が向かうかもしれません。武器
となる知識をガンガン蓄えられそうです。

◆**立ち止まって振り返る、準備する。**

仕事や対外的な活動において、「一度立ち止まって、じっくり見
直す」ような作業が必要になるかもしれません。特に月の後半、
前進よりもずっと大事なことがありそうです。中には、2008年
頃から取り組んできた活動を振り返って、まだやりきっていな

56

いことを整理し、来年の早い段階で一気にやりきる！という計画を立てる人もいるでしょう。年明け全力で駆け出す直前の入念な準備を進める人もいるはずです。

◆納得できた時だけ、ワガママを聞く。

「人のワガママを聞いてあげる」場面がありそうです。自分の手の中にあるものを、誰かが「欲しい！」と言うようなシチュエーションもあり得ます。「本当は渡したくないけれど、仕方なく渡す」ようなことは後悔の種に。心から納得できている時だけ、見返りを期待せず純粋に「贈る」のが正解です。

♥甘え合う距離の近さ。

5日まで、キラキラした愛の季節が続いています。5日以降は、大切な人との心の距離が不安定になるかもしれません。ぐっと近づきすぎたり、慌てて遠ざかって不安になったり。でも、この時期は「近づきすぎ」くらいで丁度いいのだと思います。甘える時は意識して甘え、相手の甘えも受け止めて。

12月 全体の星模様

火星は射手座に、金星は蠍座に、水星は山羊座に入ります。年末らしく忙しい雰囲気です。経済は沸騰気味、グローバルなテーマが注目されそうです。13日が転換点で射手座の新月、水星が逆行開始です。ここまで外へ外へと広がってきたものが、一転して内向きに展開し始める可能性も。27日、蟹座の満月は水星、木星と小三角を組み、今年1年の「まとめ」を照らし出します。

HOSHIORI

月と星で読む
牡羊座 365日のカレンダー

◆月の巡りで読む、12種類の日。

　毎日の占いをする際、最も基本的な「時計の針」となるのが、月の動きです。「今日、月が何座にいるか」がわかれば、今日のあなたの生活の中で、どんなテーマにスポットライトが当たっているかがわかります（P.64からの「365日のカレンダー」に、毎日の月のテーマが書かれています。🌙マークは新月や満月など、◆マークは星の動きです）。

　本書では、月の位置による「その日のテーマ」を、右の表のように表しています。

　月は1ヵ月で12星座を一回りするので、一つの星座に2日半ほど滞在します。ゆえに、右の表の「○○の日」は、毎日変わるのではなく、2日半ほどで切り替わります。

　月が星座から星座へと移動するタイミングが、切り替えの時間です。この「切り替えの時間」はボイドタイムの終了時間と同じです。

1. **スタートの日**：物事が新しく始まる日。
「仕切り直し」ができる、フレッシュな雰囲気の日。

2. **お金の日**：経済面・物質面で動きが起こりそうな日。
自分の手で何かを創り出せるかも。

3. **メッセージの日**：素敵なコミュニケーションが生まれる。
外出、勉強、対話の日。待っていた返信が来る。

4. **家の日**：身近な人や家族との関わりが豊かになる。
家事や掃除など、家の中のことをしたくなるかも。

5. **愛の日**：恋愛他、愛全般に追い風が吹く日。
好きなことができる。自分の時間を作れる。

6. **メンテナンスの日**：体調を整えるために休む人も。
調整や修理、整理整頓、実務などに力がこもる。

7. **人に会う日**：文字通り「人に会う」日。
人間関係が活性化する。「提出」のような場面も。

8. **プレゼントの日**：素敵なギフトを受け取れそう。
他人のアクションにリアクションするような日。

9. **旅の日**：遠出することになるか、または、
遠くから人が訪ねてくるかも。専門的学び。

10. **達成の日**：仕事や勉強など、頑張ってきたことについて、
何らかの結果が出るような日。到達。

11. **友だちの日**：交友関係が広がる、賑やかな日。
目指している夢や目標に一歩近づけるかも。

12. **ひみつの日**：自分一人の時間を持てる日。
自分自身としっかり対話できる。

◆太陽と月と星々が巡る「ハウス」のしくみ。

　前ページの、月の動きによる日々のテーマは「ハウス」というしくみによって読み取れます。

　「ハウス」は、「世俗のハウス」とも呼ばれる、人生や生活の様々なイベントを読み取る手法です。12星座の一つ一つを「部屋」に見立て、そこに星が出入りすることで、その時間に起こる出来事の意義やなりゆきを読み取ろうとするものです。

　自分の星座が「第1ハウス」で、そこから反時計回りに12まで数字を入れてゆくと、ハウスの完成です。

第1ハウス：「自分」のハウス
第2ハウス：「生産」のハウス
第3ハウス：「コミュニケーション」のハウス
第4ハウス：「家」のハウス
第5ハウス：「愛」のハウス
第6ハウス：「任務」のハウス
第7ハウス：「他者」のハウス
第8ハウス：「ギフト」のハウス
第9ハウス：「旅」のハウス
第10ハウス：「目標と結果」のハウス
第11ハウス：「夢と友」のハウス
第12ハウス：「ひみつ」のハウス

例：牡羊座の人の場合

10　山羊座　9　射手座　8　蠍座　11　水瓶座　7　天秤座　12　魚座　6　乙女座　1　牡羊座　2　牡牛座　5　獅子座　3　双子座　4　蟹座

自分の星座が
第1ハウス

反時計回り

たとえば、今日の月が射手座に位置していたとすると、この日は「第9ハウスに月がある」ということになります。

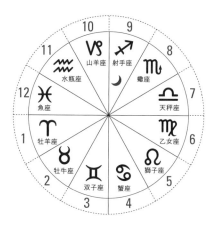

前々ページの「○○の日」の前に打ってある数字は、実はハウスを意味しています。「第9ハウスに月がある」日は、「9. 旅の日」です。

太陽と月、水星から海王星までの惑星、そして準惑星の冥王星が、この12のハウスをそれぞれのスピードで移動していきます。「どの星がどのハウスにあるか」で、その時間のカラーやそのとき起こっていることの意味を、読み解くことができるのです。詳しくは『星読み＋ 2022〜2032年データ改訂版』（幻冬舎コミックス刊）、または『月で読むあしたの星占い』（すみれ書房刊）でどうぞ！

1 ·JANUARY·

1 日
スタートの日 ▶ お金の日　　　　　　　　　　　　　　[ボイド 〜02:10]
物質面・経済活動が活性化する時間に入る。

2 月
お金の日
いわゆる「金運がいい」日。実入りが良く、いい買い物もできそう。

3 火
お金の日 ▶ メッセージの日　　　　　　　　　　　　[ボイド 07:17〜11:46]
「動き」が出てくる。コミュニケーションの活性。
◆金星が「夢と友」のハウスへ。友や仲間との交流が華やかに。「恵み」を受け取れる。

4 水
メッセージの日
待っていた朗報が届く。勉強が捗る。外に出たくなる日。

5 木
メッセージの日 ▶ 家の日　　　　　　　　　　　　　[ボイド 09:09〜23:16]
生活環境や身内に目が向かう。原点回帰。

6 金
家の日
「普段の生活」が充実。身内との関係強化。環境改善ができる。

7 土
○家の日
「普段の生活」が充実。身内との関係強化。環境改善ができる。
☽「家」のハウスで満月。居場所が「定まる」。身近な人との間で「心満ちる」とき。

8 日
家の日 ▶ 愛の日　　　　　　　　　　　　　　　　[ボイド 07:25〜11:42]
愛の追い風が吹く。好きなことができる。

9 月
愛の日
愛について嬉しいことがある。子育て、趣味、創作にも追い風が。

10 火
愛の日　　　　　　　　　　　　　　　　　　　　[ボイド 10:54〜]
愛について嬉しいことがある。子育て、趣味、創作にも追い風が。

11 水
愛の日 ▶ メンテナンスの日　　　　　　　　　　　[ボイド 〜00:17]
「やりたいこと」から「やるべきこと」へのシフト。

12 木
メンテナンスの日
生活や心身の故障部分を修理できる。ケアしたり、されたり。

13 金
メンテナンスの日 ▶ 人に会う日　　　　　　　　　[ボイド 08:08〜11:58]
「自分の世界」から「外界」へ出るような節目。
◆火星が「コミュニケーション」のハウスで順行へ。再度、議論の口火を切れる。取引でも攻勢に出られる。

14 土
人に会う日
人に会ったり、会う約束をしたりする日。出会いの気配も。

15 日
◑人に会う日 ▶ プレゼントの日　　　　　　　　　　[ボイド 17:41〜21:10]
他者との関係に、さらに一歩踏み込めるように。

16 月
プレゼントの日
人から貴重なものを受け取れる。提案を受ける場面も。

17 火　プレゼントの日　　　　　　　　　　　　　　　　　　　　［ボイド 23:29～］
人から貴重なものを受け取れる。提案を受ける場面も。

18 水　プレゼントの日 ▶ 旅の日　　　　　　　　　　　　　　　［ボイド ～02:35］
遠い場所との間に、橋が架かり始める。
◆水星が「目標と結果」のハウスで順行へ。仕事や対外的活動に関
する足止めが解除される。

19 木　旅の日　　　　　　　　　　　　　　　　　　　　　　　［ボイド 19:10～］
遠出したり、遠くから人が訪ねてくれたりする日。発信力も増す。

20 金　旅の日 ▶ 達成の日　　　　　　　　　　　　　　　　　　［ボイド ～04:13］
意欲が湧く。はっきりした成果が出る時間へ。
◆太陽が「夢と友」のハウスへ。1年のサイクルの中で「友」「未来」
に目を向ける季節へ。

21 土　達成の日
目標に手が届く。結果が出る日。人から認められる場面も。

22 日　● 達成の日 ▶ 友だちの日　　　　　　　　　　　　　［ボイド 00:54～03:30］
肩の力が抜け、伸びやかな気持ちになれる。
◗「夢と友」のハウスで新月。新しい仲間や友に出会えるとき。夢が
生まれる。迷いが晴れる。

23 月　友だちの日　　　　　　　　　　　　　　　　　　　　　［ボイド 19:21～］
未来のプランを立てる。友だちと過ごせる。チームワーク。
◆天王星が「生産」のハウスで順行へ。経済的・物質的な条件から
自由になれる。シンプルさ。

24 火　友だちの日 ▶ ひみつの日　　　　　　　　　　　　　　　［ボイド ～02:37］
ざわめきから少し離れたくなる。自分の時間。

25 水　ひみつの日
一人の時間。過去を振り返り、戦略を練る。自分を大事にする。

26 木　ひみつの日 ▶ スタートの日　　　　　　　　　　　　　［ボイド 01:13～03:50］
新しいことを始めやすい時間に切り替わる。

27 金　スタートの日
主役の意識で動く。新しい選択肢を選べる。気持ちが切り替わる。
◆金星が「ひみつ」のハウスへ。これ以降、純粋な愛情から行動で
きる。一人の時間の充実も。

28 土　スタートの日 ▶ お金の日　　　　　　　　　　　　　　　［ボイド 06:03～08:44］
物質面・経済活動が活性化する時間に入る。

29 日　◗ お金の日
いわゆる「金運がいい」日。実入りが良く、いい買い物もできそう。

30 月　お金の日 ▶ メッセージの日　　　　　　　　　　　　　［ボイド 14:54～17:36］
「動き」が出てくる。コミュニケーションの活性。

31 火　メッセージの日
待っていた朗報が届く。勉強が捗る。外に出たくなる日。

2 ·FEBRUARY·

1 水 メッセージの日 　　　　　　　　　　　　　　　　　　　　　　　　　[ボイド 21:00〜]
待っていた朗報が届く。勉強が捗る。外に出たくなる日。

2 木 メッセージの日 ▶ 家の日 　　　　　　　　　　　　　　　　　　　　[ボイド 〜05:13]
生活環境や身内に目が向かう。原点回帰。

3 金 家の日
「普段の生活」が充実。身内との関係強化。環境改善ができる。

4 土 家の日 ▶ 愛の日 　　　　　　　　　　　　　　　　　　　　　　　[ボイド 15:21〜17:50]
愛の追い風が吹く。好きなことができる。

5 日 愛の日
愛について嬉しいことがある。子育て、趣味、創作にも追い風が。

6 月 ○ 愛の日 　　　　　　　　　　　　　　　　　　　　　　　　　　　[ボイド 23:17〜]
愛について嬉しいことがある。子育て、趣味、創作にも追い風が。
♦「愛」のハウスで満月。愛が「満ちる」「実る」とき。クリエイティブな作品の完成。

7 火 愛の日 ▶ メンテナンスの日 　　　　　　　　　　　　　　　　　　[ボイド 〜06:16]
「やりたいこと」から「やるべきこと」へのシフト。

8 水 メンテナンスの日
生活や心身の故障部分を修理できる。ケアしたり、されたり。

9 木 メンテナンスの日 ▶ 人に会う日 　　　　　　　　　　　　　　　[ボイド 15:42〜17:48]
「自分の世界」から「外界」へ出るような節目。

10 金 人に会う日
人に会ったり、会う約束をしたりする日。出会いの気配も。

11 土 人に会う日
人に会ったり、会う約束をしたりする日。出会いの気配も。
◆水星が「夢と友」のハウスへ。仲間に恵まれる爽やかな季節。友と夢を語れる。新しい計画。

12 日 人に会う日 ▶ プレゼントの日 　　　　　　　　　　　　　　　　[ボイド 01:43〜03:36]
他者との関係に、さらに一歩踏み込めるように。

13 月 プレゼントの日
人から貴重なものを受け取れる。提案を受ける場面も。

14 火 ◑ プレゼントの日 ▶ 旅の日 　　　　　　　　　　　　　　　　　[ボイド 08:54〜10:33]
遠い場所との間に、橋が架かり始める。

15 水 旅の日
遠出したり、遠くから人が訪ねてくれたりする日。発信力も増す。

16 木 旅の日 ▶ 達成の日 　　　　　　　　　　　　　　　　　　　　　[ボイド 10:07〜14:01]
意欲が湧く。はっきりした成果が出る時間へ。

17 金 達成の日
目標に手が届く。結果が出る日。人から認められる場面も。

18 土　達成の日 ▶ 友だちの日　　　　　　　　　　　　　[ボイド 13:19〜14:36]
肩の力が抜け、伸びやかな気持ちになれる。

19 日　友だちの日
未来のプランを立てる。友だちと過ごせる。チームワーク。
◆太陽が「ひみつ」のハウスへ。新しい1年を目前にしての、振り返りと準備の時期。

20 月　●友だちの日 ▶ ひみつの日　　　　　　　　　　　[ボイド 11:02〜13:58]
ざわめきから少し離れたくなる。自分の時間。
☽「ひみつ」のハウスで新月。密かな迷いから解放される。自他を救うための行動を起こす。◆金星が「自分」のハウスに。あなたの魅力が輝く季節の到来。愛に恵まれる楽しい日々へ。

21 火　ひみつの日
一人の時間。過去を振り返り、戦略を練る。自分を大事にする。

22 水　ひみつの日 ▶ スタートの日　　　　　　　　　　　[ボイド 13:07〜14:15]
新しいことを始めやすい時間に切り替わる。

23 木　スタートの日
主役の意識で動く。新しい選択肢を選べる。気持ちが切り替わる。

24 金　スタートの日 ▶ お金の日　　　　　　　　　　　　[ボイド 16:23〜17:31]
物質面・経済活動が活性化する時間に入る。

25 土　お金の日
いわゆる「金運がいい」日。実入りが良く、いい買い物もできそう。

26 日　お金の日　　　　　　　　　　　　　　　　　　　　[ボイド 23:44〜]
いわゆる「金運がいい」日。実入りが良く、いい買い物もできそう。

27 月　◑お金の日 ▶ メッセージの日　　　　　　　　　　[ボイド 〜00:49]
「動き」が出てくる。コミュニケーションの活性。

28 火　メッセージの日
待っていた朗報が届く。勉強が捗る。外に出たくなる日。

3 • MARCH •

1	水	メッセージの日 ▶ 家の日	[ボイド 10:09〜11:42]
		生活環境や身内に目が向かう。原点回帰。	
2	木	家の日	
		「普段の生活」が充実。身内との関係強化。環境改善ができる。	
3	金	家の日	[ボイド 23:24〜]
		「普段の生活」が充実。身内との関係強化。環境改善ができる。	
		◆水星が「ひみつ」のハウスへ。思考が深まる。思索、瞑想、誰かのための勉強。記録の精査。	
4	土	家の日 ▶ 愛の日	[ボイド 〜00:17]
		愛の追い風が吹く。好きなことができる。	
5	日	愛の日	
		愛について嬉しいことがある。子育て、趣味、創作にも追い風が。	
6	月	愛の日 ▶ メンテナンスの日	[ボイド 12:20〜12:40]
		「やりたいこと」から「やるべきこと」へのシフト。	

7 火　○ メンテナンスの日
生活や心身の故障部分を修理できる。ケアしたり、されたり。
☽「任務」のハウスで満月。日々の努力や蓄積が「実る」。自他の体調のケアに留意。◆土星が「ひみつ」のハウスへ。約2年半をかけた「自己との対話」「時代との対話」の始まり。

8	水	メンテナンスの日 ▶ 人に会う日	[ボイド 23:09〜23:46]
		「自分の世界」から「外界」へ出るような節目。	
9	木	人に会う日	
		人に会ったり、会う約束をしたりする日。出会いの気配も。	
10	金	人に会う日	
		人に会ったり、会う約束をしたりする日。出会いの気配も。	
11	土	人に会う日 ▶ プレゼントの日	[ボイド 08:38〜09:07]
		他者との関係に、さらに一歩踏み込めるように。	
12	日	プレゼントの日	
		人から貴重なものを受け取れる。提案を受ける場面も。	
13	月	プレゼントの日 ▶ 旅の日	[ボイド 16:00〜16:22]
		遠い場所との間に、橋が架かり始める。	
14	火	旅の日	
		遠出したり、遠くから人が訪ねてくれたりする日。発信力も増す。	
15	水	◑ 旅の日 ▶ 達成の日	[ボイド 17:52〜21:07]
		意欲が湧く。はっきりした成果が出る時間へ。	
16	木	達成の日	
		目標に手が届く。結果が出る日。人から認められる場面も。	

17 金
達成の日 ▶ 友だちの日 [ボイド 23:15〜23:27]
肩の力が抜け、伸びやかな気持ちになれる。
◆金星が「生産」のハウスへ。経済活動の活性化、上昇気流。物質的豊かさの開花。

18 土
友だちの日
未来のプランを立てる。友だちと過ごせる。チームワーク。

19 日
友だちの日 [ボイド 19:35〜]
未来のプランを立てる。友だちと過ごせる。チームワーク。
◆水星が「自分」のハウスへ。知的活動が活性化。若々しい気持ち、行動力。発言力の強化。

20 月
友だちの日 ▶ ひみつの日 [ボイド 〜00:14]
ざわめきから少し離れたくなる。自分の時間。

21 火
ひみつの日
一人の時間。過去を振り返り、戦略を練る。自分を大事にする。
◆太陽が「自分」のハウスへ。お誕生月の始まり、新しい1年への「扉」を開くとき。

22 水
● ひみつの日 ▶ スタートの日 [ボイド 01:00〜01:03]
新しいことを始めやすい時間に切り替わる。
☽「自分」のハウスで新月。大切なことがスタートする節目。フレッシュな「切り替え」。

23 木
スタートの日
主役の意識で動く。新しい選択肢を選べる。気持ちが切り替わる。
◆冥王星が「夢と友」のハウスへ。ここから2043年頃にかけ、人生を賭けて夢を追うことができる。

24 金
スタートの日 ▶ お金の日 [ボイド 02:15〜03:44]
物質面・経済活動が活性化する時間に入る。

25 土
お金の日
いわゆる「金運がいい」日。実入りが良く、いい買い物もできそう。
◆火星が「家」のハウスへ。居場所を「動かす」時期。環境変化、引越、家族との取り組み。

26 日
お金の日 ▶ メッセージの日 [ボイド 01:21〜09:43]
「動き」が出てくる。コミュニケーションの活性。

27 月
メッセージの日
待っていた朗報が届く。勉強が捗る。外に出たくなる日。

28 火
メッセージの日 ▶ 家の日 [ボイド 10:41〜19:24]
生活環境や身内に目が向かう。原点回帰。

29 水
◗家の日
「普段の生活」が充実。身内との関係強化。環境改善ができる。

30 木
家の日 [ボイド 22:47〜]
「普段の生活」が充実。身内との関係強化。環境改善ができる。

31 金
家の日 ▶ 愛の日 [ボイド 〜07:33]
愛の追い風が吹く。好きなことができる。

4 ・APRIL・

1 土
愛の日
愛について嬉しいことがある。子育て、趣味、創作にも追い風が。

2 日
愛の日 ▶ メンテナンスの日 [ボイド 15:05〜19:59]
「やりたいこと」から「やるべきこと」へのシフト。

3 月
メンテナンスの日
生活や心身の故障部分を修理できる。ケアしたり、されたり。

4 火
メンテナンスの日 [ボイド 22:52〜]
生活や心身の故障部分を修理できる。ケアしたり、されたり。
◆水星が「生産」のハウスへ。経済活動に知性を活かす。情報収集、経営戦略。在庫整理。

5 水
メンテナンスの日 ▶ 人に会う日 [ボイド 〜06:53]
「自分の世界」から「外界」へ出るような節目。

6 木
○人に会う日 [ボイド 21:44〜]
人に会ったり、会う約束をしたりする日。出会いの気配も。
☽「他者」のハウスで満月。誰かとの一対一の関係が「満ちる」。交渉の成立、契約。

7 金
人に会う日 ▶ プレゼントの日 [ボイド 〜15:31]
他者との関係に、さらに一歩踏み込めるように。

8 土
プレゼントの日
人から貴重なものを受け取れる。提案を受ける場面も。

9 日
プレゼントの日 ▶ 旅の日 [ボイド 18:11〜21:58]
遠い場所との間に、橋が架かり始める。

10 月
旅の日
遠出したり、遠くから人が訪ねてくれたりする日。発信力も増す。

11 火
旅の日 [ボイド 19:49〜]
遠出したり、遠くから人が訪ねてくれたりする日。発信力も増す。
◆金星が「コミュニケーション」のハウスへ。喜びある学び、対話、外出。言葉による優しさ、愛の伝達。

12 水
旅の日 ▶ 達成の日 [ボイド 〜02:35]
意欲が湧く。はっきりした成果が出る時間へ。

13 木
◗達成の日 [ボイド 23:16〜]
目標に手が届く。結果が出る日。人から認められる場面も。

14 金
達成の日 ▶ 友だちの日 [ボイド 〜05:44]
肩の力が抜け、伸びやかな気持ちになれる。

15 土
友だちの日
未来のプランを立てる。友だちと過ごせる。チームワーク。

16 日
友だちの日 ▶ ひみつの日 [ボイド 00:17〜07:58]
ざわめきから少し離れたくなる。自分の時間。

17 月 ひみつの日
一人の時間。過去を振り返り、戦略を練る。自分を大事にする。

18 火 ひみつの日 ▶ スタートの日 [ボイド 03:59〜10:11]
新しいことを始めやすい時間に切り替わる。

19 水 スタートの日
主役の意識で動く。新しい選択肢を選べる。気持ちが切り替わる。

20 木 ● スタートの日 ▶ お金の日 [ボイド 13:14〜13:31]
物質面・経済活動が活性化する時間に入る。
☽「自分」のハウスで日食。非常に長い物語の、劇的な幕開け。「生まれかわる」体験。◆太陽が「生産」のハウスへ。1年のサイクルの中で「物質的・経済的土台」を整備する。

21 金 お金の日
いわゆる「金運がいい」日。実入りが良く、いい買い物もできそう。
◆水星が「生産」のハウスで逆行開始。経済活動に関する整理と記録。再計算。棚卸し。

22 土 お金の日 ▶ メッセージの日 [ボイド 12:43〜19:13]
「動き」が出てくる。コミュニケーションの活性。

23 日 メッセージの日
待っていた朗報が届く。勉強が捗る。外に出たくなる日。

24 月 メッセージの日 [ボイド 21:17〜]
待っていた朗報が届く。勉強が捗る。外に出たくなる日。

25 火 メッセージの日 ▶ 家の日 [ボイド 〜04:00]
生活環境や身内に目が向かう。原点回帰。

26 水 家の日
「普段の生活」が充実。身内との関係強化。環境改善ができる。

27 木 家の日 ▶ 愛の日 [ボイド 08:42〜15:31]
愛の追い風が吹く。好きなことができる。

28 金 ♡ 愛の日
愛について嬉しいことがある。子育て、趣味、創作にも追い風が。

29 土 愛の日 [ボイド 19:54〜]
愛について嬉しいことがある。子育て、趣味、創作にも追い風が。

30 日 愛の日 ▶ メンテナンスの日 [ボイド 〜04:01]
「やりたいこと」から「やるべきこと」へのシフト。

5 ・MAY・

1 月 メンテナンスの日
生活や心身の故障部分を修理できる。ケアしたり、されたり。

2 火 メンテナンスの日 ▶ 人に会う日 [ボイド 08:54〜15:11]
「自分の世界」から「外界」へ出るような節目。
◆冥王星が「夢と友」のハウスで逆行開始。夢や希望の「裏側」に目を向け始める。

3 水 人に会う日
人に会ったり、会う約束をしたりする日。出会いの気配も。

4 木 人に会う日 ▶ プレゼントの日 [ボイド 18:18〜23:34]
他者との関係に、さらに一歩踏み込めるように。

5 金 プレゼントの日
人から貴重なものを受け取れる。提案を受ける場面も。

6 土 ○プレゼントの日 [ボイド 23:39〜]
人から貴重なものを受け取れる。提案を受ける場面も。
☽「ギフト」のハウスで月食。誰かがあなたに、予想外の形で「気持ち」を示してくれそう。

7 日 プレゼントの日 ▶ 旅の日 [ボイド 〜05:06]
遠い場所との間に、橋が架かり始める。
◆金星が「家」のハウスへ。身近な人とのあたたかな交流。愛着。居場所を美しくする。

8 月 旅の日
遠出したり、遠くから人が訪ねてくれたりする日。発信力も増す。

9 火 旅の日 ▶ 達成の日 [ボイド 05:30〜08:35]
意欲が湧く。はっきりした成果が出る時間へ。

10 水 達成の日
目標に手が届く。結果が出る日。人から認められる場面も。

11 木 達成の日 ▶ 友だちの日 [ボイド 08:54〜11:07]
肩の力が抜け、伸びやかな気持ちになれる。

12 金 友だちの日
未来のプランを立てる。友だちと過ごせる。チームワーク。

13 土 友だちの日 ▶ ひみつの日 [ボイド 12:17〜13:41]
ざわめきから少し離れたくなる。自分の時間。

14 日 ひみつの日
一人の時間。過去を振り返り、戦略を練る。自分を大事にする。

15 月 ひみつの日 ▶ スタートの日 [ボイド 11:58〜16:57]
新しいことを始めやすい時間に切り替わる。
◆水星が「生産」のハウスで順行へ。経済的混乱が解消していく。物質面での整理を再開。

16 火　スタートの日
主役の意識で動く。新しい選択肢を選べる。気持ちが切り替わる。

17 水　スタートの日 ▶ お金の日　　　　　　　　　　［ボイド 18:11〜21:29］
物質面・経済活動が活性化する時間に入る。
◆木星が「生産」のハウスへ。ここから約1年をかけて、経済活動が
大きく成長する。

18 木　お金の日
いわゆる「金運がいい」日。実入りが良く、いい買い物もできそう。

19 金　お金の日
いわゆる「金運がいい」日。実入りが良く、いい買い物もできそう。

20 土　●お金の日 ▶ メッセージの日　　　　　　　　［ボイド 02:52〜03:49］
「動き」が出てくる。コミュニケーションの活性。
●「生産」のハウスで新月。新しい経済活動をスタートさせる。新し
いものを手に入れる。

21 日　メッセージの日
待っていた朗報が届く。勉強が捗る。外に出たくなる日。
◆火星が「愛」のハウスへ。情熱的な愛、積極的自己表現。愛と理
想のための戦い。◆太陽が「コミュニケーション」のハウスへ。1年
のサイクルの中でコミュニケーションを繋ぎ直すとき。

22 月　メッセージの日 ▶ 家の日　　　　　　　　　　［ボイド 07:13〜12:30］
生活環境や身内に目が向かう。原点回帰。

23 火　家の日
「普段の生活」が充実。身内との関係強化。環境改善ができる。

24 水　家の日 ▶ 愛の日　　　　　　　　　　　　　　［ボイド 18:14〜23:36］
愛の追い風が吹く。好きなことができる。

25 木　愛の日
愛について嬉しいことがある。子育て、趣味、創作にも追い風が。

26 金　愛の日　　　　　　　　　　　　　　　　　　　［ボイド 15:40〜］
愛について嬉しいことがある。子育て、趣味、創作にも追い風が。

27 土　愛の日 ▶ メンテナンスの日　　　　　　　　　［ボイド 〜12:07］
「やりたいこと」から「やるべきこと」へのシフト。

28 日　◐メンテナンスの日
生活や心身の故障部分を修理できる。ケアしたり、されたり。

29 月　メンテナンスの日 ▶ 人に会う日　　　　　　　［ボイド 18:47〜23:52］
「自分の世界」から「外界」へ出るような節目。

30 火　人に会う日
人に会ったり、会う約束をしたりする日。出会いの気配も。

31 水　人に会う日　　　　　　　　　　　　　　　　　［ボイド 23:55〜］
人に会ったり、会う約束をしたりする日。出会いの気配も。

6 ·JUNE·

1	木	<small>人に会う日 ▶ プレゼントの日</small> 　　　　　　　　　　　　　　[ボイド 〜08:47] 他者との関係に、さらに一歩踏み込めるように。
2	金	<small>プレゼントの日</small> 人から貴重なものを受け取れる。提案を受ける場面も。
3	土	<small>プレゼントの日 ▶ 旅の日</small> 　　　　　　　　　　　　[ボイド 09:53〜14:05] 遠い場所との間に、橋が架かり始める。
4	日	<small>○旅の日</small> 遠出したり、遠くから人が訪ねてくれたりする日。発信力も増す。 ☽「旅」のハウスで満月。遠い場所への扉が「満を持して」開かれる。 遠くまで声が届く。
5	月	<small>旅の日 ▶ 達成の日</small> 　　　　　　　　　　　　　　[ボイド 12:25〜16:33] 意欲が湧く。はっきりした成果が出る時間へ。 ◆金星が「愛」のハウスへ。華やかな愛の季節の始まり。創造的活動への強い追い風。
6	火	<small>達成の日</small> 目標に手が届く。結果が出る日。人から認められる場面も。
7	水	<small>達成の日 ▶ 友だちの日</small> 　　　　　　　　　　　　[ボイド 13:41〜17:43] 肩の力が抜け、伸びやかな気持ちになれる。
8	木	<small>友だちの日</small> 未来のプランを立てる。友だちと過ごせる。チームワーク。
9	金	<small>友だちの日 ▶ ひみつの日</small> 　　　　　　　　　　[ボイド 13:25〜19:16] ざわめきから少し離れたくなる。自分の時間。
10	土	<small>ひみつの日</small> 一人の時間。過去を振り返り、戦略を練る。自分を大事にする。
11	日	<small>◑ひみつの日 ▶ スタートの日</small> 　　　　　　　　[ボイド 22:22〜22:22] 新しいことを始めやすい時間に切り替わる。 ◆逆行中の冥王星が「目標と結果」のハウスへ。2008年頃からの活動でやり残したことをやりきる時間に。◆水星が「コミュニケーション」のハウスへ。知的活動の活性化、コミュニケーションの進展。学習の好機。
12	月	<small>スタートの日</small> 主役の意識で動く。新しい選択肢を選べる。気持ちが切り替わる。
13	火	<small>スタートの日</small> 主役の意識で動く。新しい選択肢を選べる。気持ちが切り替わる。
14	水	<small>スタートの日 ▶ お金の日</small> 　　　　　　　　　　[ボイド 03:28〜03:33] 物質面・経済活動が活性化する時間に入る。
15	木	<small>お金の日</small> いわゆる「金運がいい」日。実入りが良く、いい買い物もできそう。

16	金	お金の日 ▶ メッセージの日 [ボイド 10:38〜10:47]
		「動き」が出てくる。コミュニケーションの活性。

17	土	メッセージの日
		待っていた朗報が届く。勉強が捗る。外に出たくなる日。

18	日	● メッセージの日 ▶ 家の日 [ボイド 15:26〜19:59]
		生活環境や身内に目が向かう。原点回帰。
		◆土星が「ひみつ」のハウスで逆行開始。行き詰まった仮説のいくつかをリリースできる。☽「コミュニケーション」のハウスで新月。新しいコミュニケーションが始まる。学び始める。朗報も。

19	月	家の日
		「普段の生活」が充実。身内との関係強化。環境改善ができる。

20	火	家の日
		「普段の生活」が充実。身内との関係強化。環境改善ができる。

21	水	家の日 ▶ 愛の日 [ボイド 06:45〜07:06]
		愛の追い風が吹く。好きなことができる。
		◆太陽が「家」のハウスへ。1年のサイクルの中で「居場所・家・心」を整備し直すとき。

22	木	愛の日
		愛について嬉しいことがある。子育て、趣味、創作にも追い風が。

23	金	愛の日 ▶ メンテナンスの日 [ボイド 02:02〜19:37]
		「やりたいこと」から「やるべきこと」へのシフト。

24	土	メンテナンスの日
		生活や心身の故障部分を修理できる。ケアしたり、されたり。

25	日	メンテナンスの日
		生活や心身の故障部分を修理できる。ケアしたり、されたり。

26	月	◑ メンテナンスの日 ▶ 人に会う日 [ボイド 07:26〜07:59]
		「自分の世界」から「外界」へ出るような節目。

27	火	人に会う日
		人に会ったり、会う約束をしたりする日。出会いの気配も。
		◆水星が「家」のハウスへ。来訪者。身近な人との対話。若々しい風が居場所に吹き込む。

28	水	人に会う日 ▶ プレゼントの日 [ボイド 17:20〜17:57]
		他者との関係に、さらに一歩踏み込めるように。

29	木	プレゼントの日
		人から貴重なものを受け取れる。提案を受ける場面も。

30	金	プレゼントの日 [ボイド 23:22〜]
		人から貴重なものを受け取れる。提案を受ける場面も。

7 ·JULY·

1 土
プレゼントの日 ▶ 旅の日　　　　　　　　　　　[ボイド 〜00:01]
遠い場所との間に、橋が架かり始める。
◆海王星が「ひみつ」のハウスで逆行開始。水底に光る星を見つけに潜水し始めるようなとき。

2 日
旅の日　　　　　　　　　　　　　　　　　　[ボイド 22:35〜]
遠出したり、遠くから人が訪ねてくれたりする日。発信力も増す。

3 月
○旅の日 ▶ 達成の日　　　　　　　　　　　　[ボイド 〜02:22]
意欲が湧く。はっきりした成果が出る時間へ。
☽「目標と結果」のハウスで満月。目標達成のとき。社会的立場が一段階上がるような節目。

4 火
達成の日
目標に手が届く。結果が出る日。人から認められる場面も。

5 水
達成の日 ▶ 友だちの日　　　　　　　　　　　[ボイド 01:47〜02:32]
肩の力が抜け、伸びやかな気持ちになれる。

6 木
友だちの日　　　　　　　　　　　　　　　　[ボイド 22:43〜]
未来のプランを立てる。友だちと過ごせる。チームワーク。

7 金
友だちの日 ▶ ひみつの日　　　　　　　　　　[ボイド 〜02:34]
ざわめきから少し離れたくなる。自分の時間。

8 土
ひみつの日
一人の時間。過去を振り返り、戦略を練る。自分を大事にする。

9 日
ひみつの日 ▶ スタートの日　　　　　　　　　[ボイド 03:24〜04:21]
新しいことを始めやすい時間に切り替わる。

10 月
◑スタートの日
主役の意識で動く。新しい選択肢を選べる。気持ちが切り替わる。
◆火星が「任務」のハウスへ。多忙期へ。長く走り続けるための必要条件を、戦って勝ち取る。

11 火
スタートの日 ▶ お金の日　　　　　　　　　　[ボイド 08:13〜08:57]
物質面・経済活動が活性化する時間に入る。
◆水星が「愛」のハウスへ。愛に関する学び、教育。若々しい創造性、遊び。知的創造。

12 水
お金の日
いわゆる「金運がいい」日。実入りが良く、いい買い物もできそう。

13 木
お金の日 ▶ メッセージの日　　　　　　　　　[ボイド 15:12〜16:28]
「動き」が出てくる。コミュニケーションの活性。

14 金
メッセージの日
待っていた朗報が届く。勉強が捗る。外に出たくなる日。

15 土
メッセージの日　　　　　　　　　　　　　　[ボイド 21:37〜]
待っていた朗報が届く。勉強が捗る。外に出たくなる日。

16	日	メッセージの日 ▶ 家の日	[ボイド 〜02:15]

生活環境や身内に目が向かう。原点回帰。

17	月	家の日

「普段の生活」が充実。身内との関係強化。環境改善ができる。

18	火	●家の日 ▶ 愛の日	[ボイド 12:08〜13:41]

愛の追い風が吹く。好きなことができる。
🌑「家」のハウスで新月。心の置き場所が新たに定まる。日常に新しい風が吹き込む。

19	水	愛の日

愛について嬉しいことがある。子育て、趣味、創作にも追い風が。

20	木	愛の日	[ボイド 23:10〜]

愛について嬉しいことがある。子育て、趣味、創作にも追い風が。

21	金	愛の日 ▶ メンテナンスの日	[ボイド 〜02:14]

「やりたいこと」から「やるべきこと」へのシフト。

22	土	メンテナンスの日

生活や心身の故障部分を修理できる。ケアしたり、されたり。

23	日	メンテナンスの日 ▶ 人に会う日	[ボイド 13:08〜14:56]

「自分の世界」から「外界」へ出るような節目。
◆金星が「愛」のハウスで逆行開始。愛を掘り下げ、学ぶ時間へ。愛のために立ち止まる。◆太陽が「愛」のハウスへ。1年のサイクルの中で「愛・喜び・創造性」を再生するとき。

24	月	人に会う日

人に会ったり、会う約束をしたりする日。出会いの気配も。

25	火	人に会う日

人に会ったり、会う約束をしたりする日。出会いの気配も。

26	水	●人に会う日 ▶ プレゼントの日	[ボイド 00:07〜01:57]

他者との関係に、さらに一歩踏み込めるように。

27	木	プレゼントの日

人から貴重なものを受け取れる。提案を受ける場面も。

28	金	プレゼントの日 ▶ 旅の日	[ボイド 07:38〜09:26]

遠い場所との間に、橋が架かり始める。

29	土	旅の日

遠出したり、遠くから人が訪ねてくれたりする日。発信力も増す。
◆水星が「任務」のハウスへ。日常生活の整理、整備。健康チェック。心身の調律。

30	日	旅の日 ▶ 達成の日	[ボイド 08:53〜12:46]

意欲が湧く。はっきりした成果が出る時間へ。

31	月	達成の日

目標に手が届く。結果が出る日。人から認められる場面も。

8 ・AUGUST・

1	火	達成の日 ▶ 友だちの日	[ボイド 11:14〜12:59]
		肩の力が抜け、伸びやかな気持ちになれる。	
2	水	○友だちの日	
		未来のプランを立てる。友だちと過ごせる。チームワーク。	
		☽「夢と友」のハウスで満月。希望してきた条件が整う。友や仲間への働きかけが「実る」。	
3	木	友だちの日 ▶ ひみつの日	[ボイド 06:17〜12:07]
		ざわめきから少し離れたくなる。自分の時間。	
4	金	ひみつの日	
		一人の時間。過去を振り返り、戦略を練る。自分を大事にする。	
5	土	ひみつの日 ▶ スタートの日	[ボイド 10:22〜12:21]
		新しいことを始めやすい時間に切り替わる。	
6	日	スタートの日	
		主役の意識で動く。新しい選択肢を選べる。気持ちが切り替わる。	
7	月	スタートの日 ▶ お金の日	[ボイド 13:14〜15:26]
		物質面・経済活動が活性化する時間に入る。	
8	火	◑お金の日	
		いわゆる「金運がいい」日。実入りが良く、いい買い物もできそう。	
9	水	お金の日 ▶ メッセージの日	[ボイド 19:40〜22:07]
		「動き」が出てくる。コミュニケーションの活性。	
10	木	メッセージの日	
		待っていた朗報が届く。勉強が捗る。外に出たくなる日。	
11	金	メッセージの日	
		待っていた朗報が届く。勉強が捗る。外に出たくなる日。	
12	土	メッセージの日 ▶ 家の日	[ボイド 02:29〜07:54]
		生活環境や身内に目が向かう。原点回帰。	
13	日	家の日	
		「普段の生活」が充実。身内との関係強化。環境改善ができる。	
14	月	家の日 ▶ 愛の日	[ボイド 16:48〜19:38]
		愛の追い風が吹く。好きなことができる。	
15	火	愛の日	
		愛について嬉しいことがある。子育て、趣味、創作にも追い風が。	
16	水	●愛の日	[ボイド 18:40〜]
		愛について嬉しいことがある。子育て、趣味、創作にも追い風が。	
		☽「愛」のハウスで新月。愛が「生まれる」ようなタイミング。大切なものと結びつく。	
17	木	愛の日 ▶ メンテナンスの日	[ボイド 〜08:16]
		「やりたいこと」から「やるべきこと」へのシフト。	

18	金	メンテナンスの日
		生活や心身の故障部分を修理できる。ケアしたり、されたり。

19	土	メンテナンスの日 ▶ 人に会う日　　　　　　[ボイド 17:52〜20:55]
		「自分の世界」から「外界」へ出るような節目。

20	日	人に会う日
		人に会ったり、会う約束をしたりする日。出会いの気配も。

21	月	人に会う日
		人に会ったり、会う約束をしたりする日。出会いの気配も。

22	火	人に会う日 ▶ プレゼントの日　　　　　　[ボイド 05:33〜08:24]
		他者との関係に、さらに一歩踏み込めるように。

23	水	プレゼントの日
		人から貴重なものを受け取れる。提案を受ける場面も。 ◆太陽が「任務」のハウスへ。1年のサイクルの中で「健康・任務・日常」を再構築するとき。

24	木	●プレゼントの日 ▶ 旅の日　　　　　　[ボイド 14:12〜17:09]
		遠い場所との間に、橋が架かり始める。 ◆水星が「任務」のハウスで逆行開始。生活態度の見直し、責任範囲の再構築。修理。

25	金	旅の日
		遠出したり、遠くから人が訪ねてくれたりする日。発信力も増す。

26	土	旅の日 ▶ 達成の日　　　　　　[ボイド 20:58〜22:07]
		意欲が湧く。はっきりした成果が出る時間へ。

27	日	達成の日
		目標に手が届く。結果が出る日。人から認められる場面も。 ◆火星が「他者」のハウスへ。摩擦を怖れぬ対決。一対一の勝負。攻めの交渉。他者からの刺激。

28	月	達成の日 ▶ 友だちの日　　　　　　[ボイド 20:51〜23:33]
		肩の力が抜け、伸びやかな気持ちになれる。

29	火	友だちの日
		未来のプランを立てる。友だちと過ごせる。チームワーク。 ◆天王星が「生産」のハウスで逆行開始。経済的なしがらみからの離脱への活動再開。

30	水	友だちの日 ▶ ひみつの日　　　　　　[ボイド 12:06〜22:58]
		ざわめきから少し離れたくなる。自分の時間。

31	木	○ひみつの日
		一人の時間。過去を振り返り、戦略を練る。自分を大事にする。 ☾「ひみつ」のハウスで満月。時間をかけて治療してきた傷が癒える。自他を赦し赦される。

9 •SEPTEMBER•

1	金	ひみつの日 ▶ スタートの日	[ボイド 19:37〜22:26]
		新しいことを始めやすい時間に切り替わる。	

2	土	スタートの日	
		主役の意識で動く。新しい選択肢を選べる。気持ちが切り替わる。	

3	日	スタートの日	[ボイド 20:58〜]
		主役の意識で動く。新しい選択肢を選べる。気持ちが切り替わる。	

4 月 スタートの日 ▶ お金の日　　　　　　　　　　　　[ボイド 〜00:01]
物質面・経済活動が活性化する時間に入る。
◆金星が「愛」のハウスで順行へ。愛情表現がスムーズになっていく。愛に自信が持てる。◆木星が「生産」のハウスで逆行開始。経済面での成長が「熟成期間」に入る。根の成長。

5 火 お金の日
いわゆる「金運がいい」日。実入りが良く、いい買い物もできそう。

6 水 お金の日 ▶ メッセージの日　　　　　　　　　[ボイド 01:48〜05:08]
「動き」が出てくる。コミュニケーションの活性。

7 木 ◗ メッセージの日
待っていた朗報が届く。勉強が捗る。外に出たくなる日。

8 金 メッセージの日 ▶ 家の日　　　　　　　　　　[ボイド 07:23〜14:01]
生活環境や身内に目が向かう。原点回帰。

9 土 家の日
「普段の生活」が充実。身内との関係強化。環境改善ができる。

10 日 家の日　　　　　　　　　　　　　　　　　　[ボイド 21:49〜]
「普段の生活」が充実。身内との関係強化。環境改善ができる。

11 月 家の日 ▶ 愛の日　　　　　　　　　　　　　　[ボイド 〜01:38]
愛の追い風が吹く。好きなことができる。

12 火 愛の日
愛について嬉しいことがある。子育て、趣味、創作にも追い風が。

13 水 愛の日 ▶ メンテナンスの日　　　　　　　　[ボイド 00:07〜14:20]
「やりたいこと」から「やるべきこと」へのシフト。

14 木 メンテナンスの日
生活や心身の故障部分を修理できる。ケアしたり、されたり。

15 金 ● メンテナンスの日　　　　　　　　　　　　[ボイド 22:51〜]
生活や心身の故障部分を修理できる。ケアしたり、されたり。
☽「任務」のハウスで新月。新しい生活習慣、新しい任務がスタートするとき。体調の調整。

16 土 メンテナンスの日 ▶ 人に会う日　　　　　　[ボイド 〜02:46]
「自分の世界」から「外界」へ出るような節目。
◆水星が「任務」のハウスで順行へ。体調が整い、やるべきことがハッキリ見えてくる。

17 日　人に会う日
人に会ったり、会う約束をしたりする日。出会いの気配も。

18 月　人に会う日 ▶ プレゼントの日　　　　　　［ボイド 10:08〜14:00］
他者との関係に、さらに一歩踏み込めるように。

19 火　プレゼントの日
人から貴重なものを受け取れる。提案を受ける場面も。

20 水　プレゼントの日 ▶ 旅の日　　　　　　　［ボイド 19:23〜23:08］
遠い場所との間に、橋が架かり始める。

21 木　旅の日
遠出したり、遠くから人が訪ねてくれたりする日。発信力も増す。

22 金　旅の日
遠出したり、遠くから人が訪ねてくれたりする日。発信力も増す。

23 土　●旅の日 ▶ 達成の日　　　　　　　　　［ボイド 04:33〜05:22］
意欲が湧く。はっきりした成果が出る時間へ。
◆太陽が「他者」のハウスへ。1年のサイクルの中で人間関係を「結び直す」とき。

24 日　達成の日
目標に手が届く。結果が出る日。人から認められる場面も。

25 月　達成の日 ▶ 友だちの日　　　　　　　　［ボイド 05:07〜08:31］
肩の力が抜け、伸びやかな気持ちになれる。

26 火　友だちの日　　　　　　　　　　　　　　　［ボイド 21:40〜］
未来のプランを立てる。友だちと過ごせる。チームワーク。

27 水　友だちの日 ▶ ひみつの日　　　　　　　　［ボイド 〜09:20］
ざわめきから少し離れたくなる。自分の時間。

28 木　ひみつの日
一人の時間。過去を振り返り、戦略を練る。自分を大事にする。

29 金　○ひみつの日 ▶ スタートの日　　　　　　［ボイド 05:59〜09:19］
新しいことを始めやすい時間に切り替わる。
●「自分」のハウスで満月。現在の自分を受け入れられる。誰かに受け入れてもらえる。

30 土　スタートの日
主役の意識で動く。新しい選択肢を選べる。気持ちが切り替わる。

10 ·OCTOBER·

1	日	スタートの日 ▶ お金の日 　　　　　　　　　　　　[ボイド 06:51〜10:20] 物質面・経済活動が活性化する時間に入る。
2	月	お金の日 いわゆる「金運がいい」日。実入りが良く、いい買い物もできそう。
3	火	お金の日 ▶ メッセージの日 　　　　　　　　　　　[ボイド 10:21〜14:05] 「動き」が出てくる。コミュニケーションの活性。
4	水	メッセージの日 待っていた朗報が届く。勉強が捗る。外に出たくなる日。
5	木	メッセージの日 ▶ 家の日 　　　　　　　　　　　　[ボイド 15:36〜21:33] 生活環境や身内に目が向かう。原点回帰。 ◆水星が「他者」のハウスへ。正面から向き合う対話。調整のための交渉。若い人との出会い。
6	金	●家の日 「普段の生活」が充実。身内との関係強化。環境改善ができる。
7	土	家の日 「普段の生活」が充実。身内との関係強化。環境改善ができる。
8	日	家の日 ▶ 愛の日 　　　　　　　　　　　　　　　　[ボイド 04:13〜08:26] 愛の追い風が吹く。好きなことができる。
9	月	愛の日 愛について嬉しいことがある。子育て、趣味、創作にも追い風が。 ◆金星が「任務」のハウスへ。美しい生活スタイルの実現。美のための習慣。楽しい仕事。
10	火	愛の日 ▶ メンテナンスの日 　　　　　　　　　　　[ボイド 18:38〜21:03] 「やりたいこと」から「やるべきこと」へのシフト。
11	水	メンテナンスの日 生活や心身の故障部分を修理できる。ケアしたり、されたり。 ◆冥王星が「目標と結果」のハウスで順行へ。社会的野心の解放、「欲」の方向性が定まる。
12	木	メンテナンスの日 生活や心身の故障部分を修理できる。ケアしたり、されたり。 ◆火星が「ギフト」のハウスへ。誘惑と情熱の呼応。生命の融合。精神的支配。配当。負債の解消。
13	金	メンテナンスの日 ▶ 人に会う日 　　　　　　　　　[ボイド 05:12〜09:24] 「自分の世界」から「外界」へ出るような節目。
14	土	人に会う日 人に会ったり、会う約束をしたりする日。出会いの気配も。
15	日	●人に会う日 ▶ プレゼントの日 　　　　　　　　　[ボイド 16:03〜20:06] 他者との関係に、さらに一歩踏み込めるように。 ☽「他者」のハウスで日食。誰かとの一対一の関係が、ミラクルな「再生」を遂げる。

16	月	プレゼントの日 人から貴重なものを受け取れる。提案を受ける場面も。	

17 火　プレゼントの日
人から貴重なものを受け取れる。提案を受ける場面も。

18 水　プレゼントの日 ▶ 旅の日　　　　　　　　　　［ボイド 00:45〜04:38］
遠い場所との間に、橋が架かり始める。

19 木　旅の日
遠出したり、遠くから人が訪ねてくれたりする日。発信力も増す。

20 金　旅の日 ▶ 達成の日　　　　　　　　　　　［ボイド 04:04〜10:56］
意欲が湧く。はっきりした成果が出る時間へ。

21 土　達成の日
目標に手が届く。結果が出る日。人から認められる場面も。

22 日　◗ 達成の日 ▶ 友だちの日　　　　　　　　　［ボイド 15:02〜15:08］
肩の力が抜け、伸びやかな気持ちになれる。
◆水星が「ギフト」のハウスへ。利害のマネジメント。コンサルテーション。カウンセリング。

23 月　友だちの日
未来のプランを立てる。友だちと過ごせる。チームワーク。

24 火　友だちの日 ▶ ひみつの日　　　　　　　　　［ボイド 04:06〜17:35］
ざわめきから少し離れたくなる。自分の時間。
◆太陽が「ギフト」のハウスへ。1年のサイクルの中で経済的授受のバランスを見直すとき。

25 水　ひみつの日
一人の時間。過去を振り返り、戦略を練る。自分を大事にする。

26 木　ひみつの日 ▶ スタートの日　　　　　　　　［ボイド 15:41〜19:03］
新しいことを始めやすい時間に切り替わる。

27 金　スタートの日
主役の意識で動く。新しい選択肢を選べる。気持ちが切り替わる。

28 土　スタートの日 ▶ お金の日　　　　　　　　　［ボイド 17:21〜20:46］
物質面・経済活動が活性化する時間に入る。

29 日　○ お金の日
いわゆる「金運がいい」日。実入りが良く、いい買い物もできそう。
◗「生産」のハウスで月食。経済的に、驚きを伴う果実を収穫できる。ミラクルな実り。

30 月　お金の日　　　　　　　　　　　　　　　　［ボイド 20:37〜］
いわゆる「金運がいい」日。実入りが良く、いい買い物もできそう。

31 火　お金の日 ▶ メッセージの日　　　　　　　　［ボイド 〜00:09］
「動き」が出てくる。コミュニケーションの活性。

11 ·NOVEMBER·

1	水	メッセージの日	[ボイド 21:38〜]

待っていた朗報が届く。勉強が捗る。外に出たくなる日。

2	木	メッセージの日 ▶ 家の日	[ボイド 〜06:32]

生活環境や身内に目が向かう。原点回帰。

3	金	家の日	

「普段の生活」が充実。身内との関係強化。環境改善ができる。

4	土	家の日 ▶ 愛の日	[ボイド 12:29〜16:23]

愛の追い風が吹く。好きなことができる。
◆土星が「ひみつ」のハウスで順行へ。深い内省のプロセスが前進する。孤独感の肯定、自信。

5	日	●愛の日	

愛について嬉しいことがある。子育て、趣味、創作にも追い風が。

6	月	愛の日	[ボイド 16:27〜]

愛について嬉しいことがある。子育て、趣味、創作にも追い風が。

7	火	愛の日 ▶ メンテナンスの日	[ボイド 〜04:41]

「やりたいこと」から「やるべきこと」へのシフト。

8	水	メンテナンスの日	

生活や心身の故障部分を修理できる。ケアしたり、されたり。
◆金星が「他者」のハウスへ。人間関係から得られる喜び。愛あるパートナーシップ。

9	木	メンテナンスの日 ▶ 人に会う日	[ボイド 13:57〜17:10]

「自分の世界」から「外界」へ出るような節目。

10	金	人に会う日	

人に会ったり、会う約束をしたりする日。出会いの気配も。
◆水星が「旅」のハウスへ。軽やかな旅立ち。勉強や研究に追い風が。導き手に恵まれる。

11	土	人に会う日	

人に会ったり、会う約束をしたりする日。出会いの気配も。

12	日	人に会う日 ▶ プレゼントの日	[ボイド 00:07〜03:41]

他者との関係に、さらに一歩踏み込めるように。

13	月	●プレゼントの日	

人から貴重なものを受け取れる。提案を受ける場面も。
🌙「ギフト」のハウスで新月。心の扉を開く。誰かに導かれての経験。ギフトから始まること。

14	火	プレゼントの日 ▶ 旅の日	[ボイド 08:05〜11:25]

遠い場所との間に、橋が架かり始める。

15	水	旅の日	

遠出したり、遠くから人が訪ねてくれたりする日。発信力も増す。

16 木　旅の日 ▶ 達成の日　　　　　　　　　　[ボイド 07:59〜16:43]
意欲が湧く。はっきりした成果が出る時間へ。

17 金　達成の日
目標に手が届く。結果が出る日。人から認められる場面も。

18 土　達成の日 ▶ 友だちの日　　　　　　　　　[ボイド 17:29〜20:29]
肩の力が抜け、伸びやかな気持ちになれる。

19 日　友だちの日
未来のプランを立てる。友だちと過ごせる。チームワーク。

20 月　● 友だちの日 ▶ ひみつの日　　　　　　　[ボイド 19:52〜23:31]
ざわめきから少し離れたくなる。自分の時間。

21 火　ひみつの日
一人の時間。過去を振り返り、戦略を練る。自分を大事にする。

22 水　ひみつの日
一人の時間。過去を振り返り、戦略を練る。自分を大事にする。
◆太陽が「旅」のハウスへ。1年のサイクルの中で「精神的成長」を
確認するとき。

23 木　ひみつの日 ▶ スタートの日　　　　　　　[ボイド 00:11〜02:21]
新しいことを始めやすい時間に切り替わる。

24 金　スタートの日
主役の意識で動く。新しい選択肢を選べる。気持ちが切り替わる。
◆火星が「旅」のハウスへ。ここから「遠征」「挑戦の旅」に出発する
人も。学びへの情熱。

25 土　スタートの日 ▶ お金の日　　　　　　　　[ボイド 02:42〜05:30]
物質面・経済活動が活性化する時間に入る。

26 日　お金の日
いわゆる「金運がいい」日。実入りが良く、いい買い物もできそう。

27 月　○ お金の日 ▶ メッセージの日　　　　　　[ボイド 06:53〜09:42]
「動き」が出てくる。コミュニケーションの活性。
☽「コミュニケーション」のハウスで満月。重ねてきた勉強や対話が
実を結ぶとき。意思疎通が叶う。

28 火　メッセージの日
待っていた朗報が届く。勉強が捗る。外に出たくなる日。

29 水　メッセージの日 ▶ 家の日　　　　　　　　[ボイド 10:05〜15:55]
生活環境や身内に目が向かう。原点回帰。

30 木　家の日
「普段の生活」が充実。身内との関係強化。環境改善ができる。

12 ·DECEMBER·

1 金
家の日 [ボイド 22:08〜]
「普段の生活」が充実。身内との関係強化。環境改善ができる。
◆水星が「目標と結果」のハウスへ。ここから忙しくなる。新しい課題、ミッション、使命。

2 土
家の日 ▶ 愛の日 [ボイド 〜01:02]
愛の追い風が吹く。好きなことができる。

3 日
愛の日
愛について嬉しいことがある。子育て、趣味、創作にも追い風が。

4 月
愛の日 ▶ メンテナンスの日 [ボイド 11:13〜12:52]
「やりたいこと」から「やるべきこと」へのシフト。

5 火
◗ メンテナンスの日
生活や心身の故障部分を修理できる。ケアしたり、されたり。
◆金星が「ギフト」のハウスへ。欲望の解放と調整、他者への要求、他者からの要求。甘え。

6 水
メンテナンスの日 [ボイド 22:52〜]
生活や心身の故障部分を修理できる。ケアしたり、されたり。
◆海王星が「ひみつ」のハウスで順行へ。誰にも見えない所で、美しい変化が起こり始める。

7 木
メンテナンスの日 ▶ 人に会う日 [ボイド 〜01:36]
「自分の世界」から「外界」へ出るような節目。

8 金
人に会う日
人に会ったり、会う約束をしたりする日。出会いの気配も。

9 土
人に会う日 ▶ プレゼントの日 [ボイド 10:07〜12:36]
他者との関係に、さらに一歩踏み込めるように。

10 日
プレゼントの日
人から貴重なものを受け取れる。提案を受ける場面も。

11 月
プレゼントの日 ▶ 旅の日 [ボイド 17:59〜20:13]
遠い場所との間に、橋が架かり始める。

12 火
旅の日
遠出したり、遠くから人が訪ねてくれたりする日。発信力も増す。

13 水
● 旅の日 [ボイド 15:50〜]
遠出したり、遠くから人が訪ねてくれたりする日。発信力も増す。
☽「旅」のハウスで新月。旅に出発する。専門分野を開拓し始める。矢文を放つ。◆水星が「目標と結果」のハウスで逆行開始。仕事や対外的な活動における「見直し」期間へ。

14 木
旅の日 ▶ 達成の日 [ボイド 〜00:33]
意欲が湧く。はっきりした成果が出る時間へ。

15 金
達成の日
目標に手が届く。結果が出る日。人から認められる場面も。

16 土 達成の日 ▶ 友だちの日 [ボイド 01:05〜02:58]
肩の力が抜け、伸びやかな気持ちになれる。

17 日 友だちの日 [ボイド 21:05〜]
未来のプランを立てる。友だちと過ごせる。チームワーク。

18 月 友だちの日 ▶ ひみつの日 [ボイド 〜05:00]
ざわめきから少し離れたくなる。自分の時間。

19 火 ひみつの日
一人の時間。過去を振り返り、戦略を練る。自分を大事にする。

20 水 ◐ひみつの日 ▶ スタートの日 [ボイド 06:05〜07:48]
新しいことを始めやすい時間に切り替わる。

21 木 スタートの日
主役の意識で動く。新しい選択肢を選べる。気持ちが切り替わる。

22 金 スタートの日 ▶ お金の日 [ボイド 11:49〜11:52]
物質面・経済活動が活性化する時間に入る。
◆太陽が「目標と結果」のハウスへ。1年のサイクルの中で「目標と達成」を確認するとき。

23 土 お金の日
いわゆる「金運がいい」日。実入りが良く、いい買い物もできそう。
◆逆行中の水星が「旅」のハウスへ。遠くから懐かしい音信が。遠い場所を再訪する人も。

24 日 お金の日 ▶ メッセージの日 [ボイド 15:41〜17:16]
「動き」が出てくる。コミュニケーションの活性。

25 月 メッセージの日
待っていた朗報が届く。勉強が捗る。外に出たくなる日。

26 火 メッセージの日 [ボイド 16:57〜]
待っていた朗報が届く。勉強が捗る。外に出たくなる日。

27 水 ○メッセージの日 ▶ 家の日 [ボイド 〜00:17]
生活環境や身内に目が向かう。原点回帰。
☽「家」のハウスで満月。居場所が「定まる」。身近な人との間で「心満ちる」とき。

28 木 家の日
「普段の生活」が充実。身内との関係強化。環境改善ができる。

29 金 家の日 ▶ 愛の日 [ボイド 07:59〜09:25]
愛の追い風が吹く。好きなことができる。

30 土 愛の日
愛について嬉しいことがある。子育て、趣味、創作にも追い風が。
◆金星が「旅」のハウスへ。楽しい旅の始まり、旅の仲間。研究の果実。距離を越える愛。

31 日 愛の日 ▶ メンテナンスの日 [ボイド 14:20〜20:55]
「やりたいこと」から「やるべきこと」へのシフト。
◆木星が「生産」のハウスで順行へ。経済活動における成長のプロセスが前進に転じる。

参考　カレンダー解説の文字・線の色

あなたの星座にとって星の動きがどんな意味を
持つか、わかりやすくカレンダーに書き込んで
みたのが、P.89からの「カレンダー解説」です。
色分けは厳密なものではありませんが、だいた
い以下のようなイメージで分けられています。

―― 赤色
インパクトの強い出来事、意欲や情熱、
パワーが必要な場面。

―― 水色
ビジネスや勉強、コミュニケーションなど、
知的な活動に関すること。

―― 紺色
重要なこと、長期的に大きな意味のある変化。
精神的な変化、健康や心のケアに関すること。

―― 緑色
居場所、家族に関すること。

―― ピンク色
愛や人間関係に関すること。嬉しいこと。

―― オレンジ色
経済活動、お金に関すること。

牡羊座 2023年の
カレンダー解説

● 解説の文字・線の色のイメージはP.88をご参照下さい ●

1 ·JANUARY·

mon	tue	wed	thu	fri	sat	sun
						1
2	3	4	5	6	7	8
9	10	11	12	⑬	14	15
16	17	18	19	20	21	22
23	24	25	26	27	28	29
30	31					

2 ·FEBRUARY·

mon	tue	wed	thu	fri	sat	sun
			1	2	3	4	5
6	7	8	9	10	11	12
13	14	15	16	17	18	19
20	21	22	23	24	25	26
27	28					

2022/8/20–3/25　昨年夏からの熱いコミュニケーション、熱い移動の時間が続いている。ガンガン語り、学び、動ける時。自分の全てを賭けるような対話や勉強に打ち込む人も。

2022/12/20–5/17 2022年からの「耕耘期（こううんき）」、一大ターニングポイントの中にある。人生が一変するような出来事が起こるかも。脱皮、原点回帰、心機一転の時間帯。

1/13　2022年10月末頃から停滞していたことがあれば、ここから動き出す。心身の不調が解消に向かう人も。

2/20–3/17　愛のスポットライトが当たる時。愛に限らず素晴らしく嬉しいことが起こるかも。

3 · MARCH ·

mon	tue	wed	thu	fri	sat	sun
				1	2	3	4	5
6	⑦	8	9	10	11	12
13	14	15	16	⑰	18	⑲
20	㉑	22	23	24	25	26
27	28	29	30	31		

3/7 ここから2026年頃にかけて、深い内省の時間へ。自分自身との長い対話を経て、精神的に大きく成長できる。一人の時間を大切にしたい。

3/17–4/11 経済活動に強い上昇気流が生まれる。初夏以降を見据えて種を蒔く時。

3/19–4/4 発言力が増す。忙しくなる。新しいことに挑戦したくなる。新風が吹き込む。

3/21 新しい力が湧いてくる。アクティブになれる。ここから1カ月の間に、非常に大きな「人生の決断」をする人も。

4 · APRIL ·

mon	tue	wed	thu	fri	sat	sun
					1	2
3	4	5	6	7	8	9
10	11	12	13	14	15	16
17	18	19	⑳	21	22	23
24	25	26	27	28	29	30

4/20 不思議な「縁」に導かれるスタートライン。一つの世界から別の世界へジャンプするような展開も。

5 ·MAY·

mon	tue	wed	thu	fri	sat	sun
1	2	3	4	5	⑥	7
8	9	10	11	12	13	14
15	16	⑰	18	19	20	21
22	23	24	25	26	27	28
29	30	31				

5/6　素敵なギフトを受け取れるかも。誰かから「良くしてもらえる」ような場面も。

5/7–5/21　家族や身近な人との関係、住処などに関して、大きめの出来事が起こりそう。愛ある世界を作れる。

5/17　ここから2024/5/26にかけて、経済活動が大きな転機にさしかかる。収入が増える人、大きな買い物に臨む人も。

5/21–10/9　素晴らしい愛の季節。フリーの人もカップルも、幸福な時間を過ごせそう。特に6/5から7/10は愛と情熱にどんどん燃料が注がれる、バラ色の季節。

6 ·JUNE·

mon	tue	wed	thu	fri	sat	sun
				1	2	3	4
5	6	7	8	9	10	⑪
12	13	14	15	16	17	18
19	20	21	22	23	24	25
26	27	28	29	30		

6/11–6/27　フットワークよく動ける、爽やかな活動期。去年からの議論の相手と仲良くなれそう。

7 · JULY ·

mon	tue	wed	thu	fri	sat	sun
					1	2
3	4	5	6	7	8	9
⑩	11	12	13	14	15	16
17	⑱	19	20	21	22	㉓
24	25	26	27	28	29	30
31						

7/10–8/27　多忙期。頭で考えているより身体で行動したほうが早い。就職活動・転職活動に臨む人、普段の役割分担を大きく変更する人も。

7/18　身近な人と心が通じる時。強い絆が結ばれる。「居場所を得る」人も。

7/23–9/4　失った愛を取り戻せるかも。過去に好きだったものに「回帰」する人も。

8 · AUGUST ·

mon	tue	wed	thu	fri	sat	sun
	1	2	3	4	5	6
7	8	9	10	11	12	13
14	15	⑯	17	18	19	20
21	22	23	24	25	26	㉗
28	29	30	31			

8/16　「愛が生まれる」時。夢中になれるものに出会えるかも。クリエイティブな活動を始める人も。

8/27–10/12　「真剣勝負」の時。タフな交渉に臨む人も。自分とは違った生き方・スタンスの人から、多くを学べる。

9 · SEPTEMBER ·

mon	tue	wed	thu	fri	sat	sun
				1	2	3
④	5	6	7	8	9	10
11	12	13	14	15	16	17
18	19	20	21	22	23	24
25	26	27	28	㉙	30	

9/4　7月下旬頃から愛のドラマが一時停止していたなら、ここから動き出すかも。クリエイティブな活動においても、迷いが吹っ切れる。

9/29　人間関係における大きな転機。誰かから強い影響を受けることになるかも。あるいは、誰かが新しい世界に導いてくれるような出来事も。

10 · OCTOBER ·

mon	tue	wed	thu	fri	sat	sun
						1
2	3	4	5	6	7	8
9	10	11	12	13	14	⑮
16	17	18	19	20	21	22
23	24	25	26	27	28	㉙
30	31					

10/15　公私ともに、人生が変わるような出会いがあるかも。

10/12–11/24　経済活動が一気に盛り上がりを見せる。他者を巻き込んで、物やお金が大きく動く時。自分に必要なもの・本当に欲しいものを見失わないことが大事。

10/29　経済活動において、意外な実りがある時。想定外の嬉しい展開が。

11 • NOVEMBER •

mon	tue	wed	thu	fri	sat	sun
		1	2	3	4	5
6	7	8	9	10	11	12
13	14	15	16	17	18	19
20	21	22	23	24	25	26
㉗	28	29	30			

11/8–12/5　人間関係や
パートナーシップに愛が満
ちる。人から素晴らしいも
のを手渡してもらえる。人
の無償の好意、熱い思いを
受け取って、人生が変容し
ていく。

11/22–2024/1/23　冒険
と学び、旅の季節。未知の
世界から面白いものが到来
する。

11/27　特別なコミュニケー
ションが生まれそう。朗報
が飛び込んでくる。愛のこ
もったメッセージを受け取
れる時。

12 • DECEMBER •

mon	tue	wed	thu	fri	sat	sun
				①	2	3
4	5	6	7	8	9	10
11	12	13	14	15	16	17
18	19	20	21	22	23	24
25	26	㉗	28	29	30	31

12/1–2024/2/5　経験と
学びの時間。具体的なミッ
ションを通して深く広く学
ぶことができる。新しいポ
ジションの開拓。

12/27　身近な人と、深い
コンセンサスを結べる。大
切なものを大切にできる時。

2023年のプチ占い（天秤座〜魚座）

天秤座（9/24-10/23生まれ）

「出会いの時間」が5月まで続く。公私ともに素敵な出会い・関わりに恵まれる。パートナーを得る人も。6月から10月上旬は交友関係に愛が満ちる。視野が広がり、より大きな場に立つことになる年。

蠍座（10/24-11/22生まれ）

特別な「縁」が結ばれる年。不思議な経緯、意外な展開で、公私ともに新しい関わりが増えていく。6月から10月上旬、キラキラのチャンスが巡ってきそう。嬉しい役割を得て、楽しく活躍できる年。

射手座（11/23-12/21生まれ）

年の前半は「愛と創造の時間」の中にある。誰かとの真剣勝負に挑んでいる人も。年の半ばを境に、「役割を作る」時間に入る。新たな任務を得ることになりそう。心身の調子が上向く。楽しい冒険旅行も。

山羊座（12/22-1/20生まれ）

「居場所を作る」時間が5月まで続く。新たな住処を得る人、家族を得る人も。5月以降は「愛と創造の時間」へ。自分自身を解放するような、大きな喜びを味わえそう。経済的にも上昇気流が生じる。

水瓶座（1/21-2/19生まれ）

2020年頃からのプレッシャーから解放される。孤独感が和らぎ、日々を楽しむ余裕を持てる。5月以降は素晴らしい愛と創造の時間へ。人を愛することの喜び、何かを生み出すことの喜びに満ちる。

魚座（2/20-3/20生まれ）

強い意志をもって行動できる年。時間をかけてやり遂げたいこと、大きなテーマに出会う。経済的に強い追い風が吹く。年の半ば以降、素晴らしいコミュニケーションが生まれる。自由な学びの年。

（※牡羊座〜乙女座はP.30）

HOSHIORI

星のサイクル
冥王星

◆◇◆◇◆◇◆◇◆◇◆◇◆◇◆◇◆◇◆◇◆◇◆◇◆◇◆◇◆◇◆

✿ 冥王星のサイクル

　2023年3月、冥王星が山羊座から水瓶座へと移動を開始します。この後も逆行・順行を繰り返しながら進むため、完全に移動が完了するのは2024年ですが、この3月から既に「水瓶座冥王星時代」に第一歩を踏み出すことになります。冥王星が山羊座入りしたのは2008年、それ以来の時間が、新しい時間へと移り変わってゆくのです。冥王星は根源的な変容、破壊と再生、隠された富、深い欲望などを象徴する星です。2008年はリーマン・ショックで世界が震撼した年でしたが、2023年から2024年もまた、時代の節目となるような象徴的な出来事が起こるのかもしれません。この星が星座から星座へと移動する時、私たちの人生にはどんな変化が感じられるでしょうか。次のページでは冥王星のサイクルを年表で表現し、続くページで各時代があなたの星座にとってどんな意味を持つか、少し詳しく説明しました。そしてさらに肝心の、2023年からの「水瓶座冥王星時代」があなたにとってどんな時間になるか、考えてみたいと思います。

◆◇◆◇◆◇◆◇◆◇◆◇◆◇◆◇◆◇◆◇◆◇◆◇◆◇◆◇◆◇◆

◆◇○◆◇○◆◇○◆◇○◆◇○◆◇○◆◇○◆◇○◆◇○◆◇○◆◇○◆◇○◆◇○◆◇◆◇○◆◇◆

冥王星のサイクル年表（詳しくは次のページへ）

時　期	牡羊座のあなたにとってのテーマ
1912年 - 1939年	精神の最深部への下降、子供だった自分との再会
1937年 - 1958年	愛や創造的活動を通して、「もう一人の自分」に出会う
1956年 - 1972年	「生活」の根源的ニーズを発見する
1971年 - 1984年	他者との出会いにより、人生が変わる
1983年 - 1995年	他者の人生と自分の人生の結節点・融合点
1995年 - 2008年	「外部」への出口を探し当てる
2008年 - 2024年	人生全体を賭けられる目標を探す
2023年 - 2044年	友情、社会的生活の再発見
2043年 - 2068年	内面化された規範意識との対決
2066年 - 2097年	キャラクターの再構築
2095年 - 2129年	経済力、価値観、欲望の根本的再生
2127年 - 2159年	コミュニケーションの「迷路」を抜けてゆく

※時期について／冥王星は順行・逆行を繰り返すため、星座の境界線を何度か往復してから移動を完了する。上記の表で、開始時は最初の移動のタイミング、終了時は移動完了のタイミング。

◆◇○◆◇○◆◇○◆◇○◆◇○◆◇○◆◇○◆◇○◆◇○◆◇○◆◇○◆◇○◆◇○◆◇◆◇○

◆ **1912-1939年　精神の最深部への下降、子供だった自分との再会**
不意に子供の頃の思い出と感情がよみがえり、その思いに飲み込まれるような状態になりやすい時です。心の階段を一段一段降りてゆき、より深い精神的世界へと触れることになります。この体験を通して、現代の家庭生活や人間関係、日常の風景が大きく変化します。「心」が根源的変容を遂げる時です。

◆ **1937-1958年　愛や創造的活動を通して、「もう一人の自分」に出会う**
圧倒的な愛情が生活全体を飲み込む時です。恋愛、子供への愛、そのほかの存在への愛が、一時的に人生の「すべて」となることもあります。この没入、陶酔、のめり込みの体験を通して、人生が大きく変化します。個人としての感情を狂おしいほど生きられる時間です。創造的な活動を通して財を築く人も。

◆ **1956-1972年　「生活」の根源的ニーズを発見する**
物理的な「身体」、身体の一部としての精神状態、現実的な「暮らし」が、根源的な変容のプロセスに入る時です。常識や社会のルール、責任や義務などへの眼差しが変化します。たとえば過酷な勤務とそこからの離脱を通して、「人生で最も大事にすべきもの」がわかる、といった経験をする人も。

◆ **1971-1984年　他者との出会いにより、人生が変わる**
一対一の人間関係において、火山の噴火のような出来事が起こる時です。人間の内側に秘められたエネルギーが他者との関わりをきっかけとして噴出し、お互いにそれをぶつけ合うような状況が生じることも。その結果、人間として見違えるような変容を遂げることになります。人生を変える出会いの時間です。

◆ **1983 - 1995年 他者の人生と自分の人生の結節点・融合点**

誰の人生も、自分だけの中に閉じた形で完結していません。他者の人生となんらかの形で融け合い、混じり合い、深く影響を与え合っています。時には境目が曖昧になり、ほとんど一体化することもあります。この時期はそうした「他者の人生との連結・融合」という、特別なプロセスが展開します。

◆ **1995 - 2008年 「外部」への出口を探し当てる**

「人間はどこから来て、どこに行くのだろう」「宇宙の果てには、何があるのだろう」「死んだ後は、どうなるのだろう」。たとえばそんな問いを、誰もが一度くらいは考えたことがあるはずです。この時期はそうした問いに、深く突っ込んでいくことになります。宗教や哲学などを通して、人生が変わる時です。

◆ **2008 - 2024年 人生全体を賭けられる目標を探す**

人生において最も大きな山を登る時間です。この社会において自分が持てる最大の力とはどんなものかを、徹底的に追求することになります。社会的成功への野心に、強烈に突き動かされます。「これこそが人生の成功だ」と信じられるイメージが、この時期の体験を通して根本的に変わります。

◆ **2023 - 2044年 友情、社会的生活の再発見**

友達や仲間との関わり、「他者」の集団に身を置くことで自分を変えたい、という強い欲求が生まれます。自分を変えてくれるものこそはこれから出会う新たな友人である、というイメージが心を支配します。この広い世界と自分とをどのように結びつけ、居場所を得るかという大問題に立ち向かえる時です。

◆ 2043-2068年　内面化された規範意識との対決

自分の中で否定してきたこと、隠蔽してきたこと、背を向けてきたことの全てが、生活の水面上に浮かび上がる時です。たとえば何かが非常に気になったり、あるものを毛嫌いしたりする時、そこには自分の「内なるもの」がありありと映し出されています。精神の解放への扉を、そこに見いだせます。

◆ 2066-2097年　キャラクターの再構築

「自分はこういう人間だ」「自分のキャラクターはこれだ」というイメージが根源的に変容する時期です。まず、自分でもコントロールできないような大きな衝動に突き動かされ、「自分らしくないこと」の方向に向かい、その結果、過去の自分のイメージが消え去って、新たなセルフイメージが芽生えます。

◆ 2095-2129年　経済力、価値観、欲望の根本的再生

乗り物もない遠方で、突然自分の手では運べないほどの宝物を贈られたら、どうすればいいでしょうか。たとえばそんな課題から変容のプロセスがスタートします。強烈な欲望の体験、膨大な富との接触、その他様々な「所有・獲得」の激しい体験を通して、欲望や価値観自体が根源的に変化する時です。

◆ 2127-2159年　コミュニケーションの「迷路」を抜けてゆく

これまで疑問を感じなかったことに、いちいち「？」が浮かぶようになります。「そういうものなのだ」と思い込んでいたことへの疑念が生活の随所に浮上します。そこから思考が深まり、言葉が深みを増し、コミュニケーションが迷路に入り込みます。この迷路を抜けたところに、知的変容が完成します。

〜2023年からのあなたの「冥王星時代」〜
友情、社会的生活の再発見

2008年から、冥王星はあなたの星座から見て「人生の目標、社会的立場、キャリア」の場所に位置していました。これまで、人生において最も大きな山を登り、できうる限り一番高い場所に到達した、という体験をした人も少なくないはずです。自分に叶う限りの最強の力、最高のものを手にしたい！という野心が、ここまでのあなたの人生を突き動かし、あるいは支配していただろうと思うのです。

2023年、あなたは「その次」の段階へと歩を進めます。あなたがこれまで求めてきたのは「自分自身の手に掴める、最高の社会的なパワー」でした。ここからは「仲間、友、夢をシェアできる人々」が、あなたの目指すものとなります。交友関係は大きく広がるでしょう。その原動力は、人から良い影響を受けて大きく成長したい、優れた人とともにあることで自分も大きな存在になりたい、という渇望に似た思いなのかもしれません。その望みの強さゆえに、仲間や友達に「振り回される」「支配される」ような展開もあり得ます。

◆○○○◆○○○◆○○○◆○○○◆○○○◆○○○◆○○○◆○○○◆○○○◆○○○◆○○

「人脈から価値あるものを得る」ことへの熱望と同時に、「みんなのため」に自分を捧げるような生き方への憧れも強まります。そこから、社会的な活動に取り組んだり、ボランティア活動に打ち込んだりと、広い社会的視野のもとに自分を「投げ出す」ような生き方を選択することになるかもしれません。

　「夢」は巨大に膨れ上がり、あなたを半ば飲み込もうとします。「夢に取り憑かれた」ような状態になる危険もあります。この時期の「夢」は個人的なものに留まらず、社会や未来をもっと良くしたい、できるだけ多くの人を幸福にしたい、というような、大スケールの内容になりがちです。こうした大きな夢への取り組みを通し、人生が根源的変容を始めます。

　「他者」や「夢」は一度はあなたを飲み込むかもしれませんが、そのクジラの腹から這い出した時、あなたの前には新しい世界が広がっています。この期間を終える頃、あなたはより自由でひろやかな「社会的居場所」を見出しているはずです。そこは、支配関係も「マウンティング」もない、限りなくフラットな個人の集まる、開かれた世界であるはずです。

◆○○○◆○○○◆○○○◆○○○◆○○○◆○○○◆○○○◆○○○◆○○○◆○○○◆○○

HOSHIORI

12星座プロフィール

牡羊座のプロフィール
はじまりの星座

// **I am.**

キャラクター

◆ 自己中心性

「自己中心的」という表現は、一般にはあまりいい意味では使われませんが、実はとても大事なことだと思います。というのも、自分を中心にして考えないならば、他人に依存的になったり、人のせいにしたりすることにもなりがちだからです。牡羊座の人は常に、世界の中心に自分を据えています。ゆえに、明確な意見をストレートに打ち出しますし、いわゆる「空気を読む」ような無益な気遣いで物事をゆがませることがありません。

◆ 清らかな自己主張

牡羊座の人々は、率直に意見を主張し、時に「反論」します。その「反論」には余計な感情がまとわりついていないため、反論が正しかったとしても高圧的になったりはしませんし、反論が間違っていても、悔しがったり往生際の悪いことをしたりはしません。あくまでさっぱりと、物事の正しさ自体を追求し、受け入れる度量があるのです。牡

羊座の人々は、炎のように純粋です。ゆえに、積極的に議論しますが、それによって険悪な空気を作ることはないのです。火は物が腐るのを防ぎますが、それにも似て、牡羊座の人の議論は、人々の関係を腐らせる要素をすべて焼き尽くして、清らかにするのです。

◈ 目標を見失う苦悩

　牡羊座の人々は、目的を見失うと、深く苦悩します。やりたいことややるべきことが見つからないと、苦痛を感じるのです。牡羊座は古くは「雇夫」をかたどった星図で表されたそうですが、自分が自分の雇い主として「これをやること！」と命じられないと、力を失ってしまうのです。もとい、牡羊座の人でなくとも「やるべきことがわからない」ときは力を失いますが、牡羊座の人が特徴的なのは、それが「深刻な悩み」として感じられる点です。「ただ怠けてぼんやりしている」のではなく、その状態を非常な苦痛として感じる傾向があるのです。ですが、しばらくすると自然に情熱を燃やせる目的を探し当て、考えるより先に身体が動くようなアクティブな状態に戻れます。

◈ 自己のエネルギーに無自覚

　「牡羊座の人はパワフルで、エネルギッシュで……」と言

われて頷く牡羊座の人は、ほとんどいません。なぜなら、自分と他人を比較して相対的に捉えよう、という発想がないからです。牡羊座の人はあくまで自分を世界の中心に置いているので、他人との無益な比較をしません。自分が「人よりもパワフルかどうか」を、意識したことがないのです。ゆえに「あなたはパワフルだね」と言われても「みんなそうじゃないの？」と主張するのです。

◆「はじまり」の星座

　牡羊座は「はじまり」の星座です。長い冬が終わり、昼の長さと夜の長さが同じになる春分の日に、太陽は牡羊座に入るからです。冬は植物が育たず実りのない死の世界とするなら、春は生命が再び命を得る、生き生きした生の世界です。牡羊座の人々は、春に萌え出る緑の芽や花々が湛えているような、純粋で透明なエネルギーをその身体に担って生まれてくるのです。「はじまり」の星座らしく、牡羊座の人々は物事を新しく始めるのが得意です。前例のないことに挑んだり、誰よりも先に走り出したりすることが好きなのです。

支配星・神話

◈ 火星と、パラス・アテナ

　牡羊座を支配する星は火星です。火星はマルス、ギリシャ神話ではアレスで、戦いの神です。さらに、牡羊座の守護神としてパラス・アテナを当てる向きがあります。「輝く目のアテナ」はやはり「戦いの神」ですが、知恵の神でもあり、知性を象徴するフクロウを伴っています。アテナは様々な英雄のサポートをし、勝利に導きました。牡羊座の人々の中にあるめざましいエネルギーや攻撃性は、決してアレス的な野卑なだけのものではなく、パラス・アテナの深い知性と憧れ、行動力によって統御されています。

◈ 牡羊座の神話

　昔、テッサリアの国王に、二人の子供がありました。兄と妹で、とても仲良しでしたが、継母に憎まれ、殺されそうになりました。二人の生みの母の雲の精はこれに驚いて、子供たちを助けてくれるよう、大神ゼウスに願い出ました。

　ゼウスはこの願いを聞き届け、ヘルメス神と空を飛ぶ金色の羊をつかわし、兄妹を救い出しました。兄と妹が羊の背に乗ると、羊は海に向かって飛び去ったのです。

　しかし、海の上を飛んで逃げるさなか、妹は羊の背中から海に落ちて、死んでしまいました。金色の羊は嘆く兄を

元気づけ、安全な国まで送り届けました。

　「死の世界から飛び出して、生きのびる」という、この輝くような生命力のイメージは、牡羊座の世界にぴったりです。途中で妹が落ちてしまうという悲劇は、生が常に死と隣り合わせであるがゆえに輝くのだ、ということを、光と影のコントラストのように、強調しているようでもあります。

◖ 牡羊座の才能 ◗

　「勝負」に対する特別なセンスを持っています。また、「怖いもの」が少なく、リスクを扱うのが上手なので、アスリートやトレーダーなど、自分の中の恐怖心と闘わなければならないような分野で才能を発揮する人が多いようです。飽きっぽいと言われることも多い牡羊座なのですが、常にチャレンジを続け、粘り強く戦い、最後まで勝負を投げません。ストレートな物言いは交友関係においても、ビジネスにおいても、深い信頼を集めます。人を元気づけ、勇気づけることが上手です。あなたに励まされた人は、生きる気力を取り戻し、先に進む力をあなたから分け与えてもらえるのです。

牡羊座　はじまりの星座　　　　　　　　　　　　I am.

素敵なところ

裏表がなく純粋で、自他を比較しません。明るく前向きで、正義感が強く、諍（いさか）いのあともさっぱりしています。欲しいものを欲しいと言える勇気、自己主張する勇気、誤りを認める勇気の持ち主です。

キーワード

勢い／勝負／果断／負けず嫌い／せっかち／能動的／スポーツ／ヒーロー・ヒロイン／華やかさ／アウトドア／草原／野生／丘陵／動物愛／議論好き／肯定的／帽子・頭部を飾るもの／スピード／赤

 牡牛座　五感の星座　　　　　　　　　　　　I have.

素敵なところ

感情が安定していて、態度に一貫性があります。知識や経験をたゆまずゆっくり、たくさん身につけます。穏やかでも不思議な存在感があり、周囲の人を安心させます。美意識が際立っています。

キーワード

感覚／色彩／快さ／リズム／マイペース／芸術／暢気（のんき）／贅沢／コレクション／一貫性／素直さと頑固さ／価値あるもの／美声・歌／料理／庭造り／変化を嫌う／積み重ね／エレガント／レモン色／白

 双子座　知と言葉の星座　　　　　　　　　　　I think.

素敵なところ

イマジネーション能力が高く、言葉と物語を愛するユニークな人々です。フットワークが良く、センサーが敏感で、いくつになっても若々しく見えます。場の空気・状況を変える力を持っています。

キーワード

言葉／コミュニケーション／取引・ビジネス／相対性／比較／関連づけ／物語／比喩／移動／旅／ジャーナリズム／靴／天使・翼／小鳥／桜色／桃色／空色／文庫本／文房具／手紙

蟹座　感情の星座　　　　　　　　　I feel.

素敵なところ

心優しく、共感力が強く、人の世話をするときに手間を惜しみません。行動力に富み、人にあまり相談せずに大胆なアクションを起こすことがありますが、「聞けばちゃんと応えてくれる」人々です。

キーワード

感情／変化／月／守護・保護／日常生活／行動力／共感／安心／繰り返すこと／拒否／生活力／フルーツ／アーモンド／巣穴／胸部、乳房／乳白色／銀色／真珠

獅子座　意思の星座　　　　　　　　I will.

素敵なところ

太陽のように肯定的で、安定感があります。深い自信を持っており、側にいる人を安心させることができます。人を頷（うな）かせる力、一目置かせる力、パワー感を持っています。内面には非常に繊細な部分も。

キーワード

強さ／クールさ／肯定的／安定感／ゴールド／背中／自己表現／演技／芸術／暖炉／広場／人の集まる賑やかな場所／劇場・舞台／お城／愛／子供／緋色／パープル／緑

乙女座　分析の星座　　　　　　　I analyze.

素敵なところ

一見クールに見えるのですが、とても優しく世話好きな人々です。他者に対する観察眼が鋭く、シャープな批評を口にしますが、その相手の変化や成長を心から喜べる、「教育者」の顔を持っています。

キーワード

感受性の鋭さ／「気が利く」人／世話好き／働き者／デザイン／コンサバティブ／胃腸／神経質／分析／調合／変化／回復の早さ／迷いやすさ／研究家／清潔／ブルーブラック／空色／桃色

天秤座　関わりの星座

I balance.

素敵なところ

高い知性に恵まれると同時に、人に対する深い愛を抱いています。視野が広く、客観性を重視し、細やかな気遣いができます。内側には熱い情熱を秘めていて、個性的なこだわりや競争心が強い面も。

キーワード

人間関係／客観視／合理性／比較対象／美／吟味／審美眼／評価／選択／平和／交渉／結婚／諍い／調停／パートナーシップ／契約／洗練／豪奢／黒／芥子色／深紅色／水色／薄い緑色／ベージュ

蠍座　情熱の星座

I desire.

素敵なところ

意志が強く、感情に一貫性があり、愛情深い人々です。一度愛したものはずっと長く愛し続けることができます。信頼に足る、芯の強さを持つ人です。粘り強く努力し、不可能を可能に変えます。

キーワード

融け合う心／継承／遺伝／魅力／支配／提供／共有／非常に古い記憶／放出／流動／隠されたもの／湖沼／果樹園／庭／葡萄酒／琥珀／茶色／濃い赤／カギつきの箱／ギフト

射手座　冒険の星座

I understand.

素敵なところ

冒険心に富む、オープンマインドの人々です。自他に対してごく肯定的で、恐れを知らぬ勇気と明るさで周囲を照らし出します。自分の信じるものに向かってまっすぐに生きる強さを持っています。

キーワード

冒険／挑戦／賭け／負けず嫌い／馬や牛など大きな動物／遠い外国／語学／宗教／理想／哲学／おおらかさ／自由／普遍性／スピードの出る乗り物／船／黄色／緑色／ターコイズブルー／グレー

山羊座　実現の星座　　　　　　　　　　　　　I use.

素敵なところ
夢を現実に変えることのできる人々です。自分個人の世界だけに収まる小さな夢ではなく、世の中を変えるような、大きな夢を叶えることができる力を持っています。優しく力強く、芸術的な人です。

キーワード
城を築く／行動力／実現／責任感／守備／権力／支配者／組織／芸術／伝統／骨董品／彫刻／寺院／華やかな色彩／ゴージャス／大きな楽器／黒／焦げ茶色／薄い茜色／深緑

 水瓶座　思考と自由の星座　　　　　　　　I know.

素敵なところ
自分の頭でゼロから考えようとする、澄んだ思考の持ち主です。友情に篤く、損得抜きで人と関わろうとする、静かな情熱を秘めています。ユニークなアイデアを実行に移すときは無二の輝きを放ちます。

キーワード
自由／友情／公平・平等／時代の流れ／流行／メカニズム／合理性／ユニセックス／神秘的／宇宙／飛行機／通信技術／電気／メタリック／スカイブルー／チェック、ストライプ

 魚座　透明な心の星座　　　　　　　　　　I believe.

素敵なところ
人と人とを分ける境界線を、自由自在に越えていく不思議な力の持ち主です。人の心にするりと入り込み、相手を支え慰めることができます。場や世界を包み込むような大きな心を持っています。

キーワード
変容／変身／愛／海／救済／犠牲／崇高／聖なるもの／無制限／変幻自在／天衣無縫／幻想／瞑想／蠱惑（こわく）／エキゾチック／ミステリアス／シースルー／黎明／白／ターコイズブルー／マリンブルー

用語解説

星の逆行

　星占いで用いる星々のうち、太陽と月以外の惑星と冥王星は、しばしば「逆行」します。これは、星が実際に軌道を逆走するのではなく、あくまで「地球からそう見える」ということです。

　たとえば同じ方向に向かう特急電車が普通電車を追い抜くとき、相手が後退しているように見えます。「星の逆行」は、この現象に似ています。地球も他の惑星と同様、太陽のまわりをぐるぐる回っています。ゆえに一方がもう一方を追い抜くとき、あるいは太陽の向こう側に回ったときに、相手が「逆走している」ように見えるのです。

　星占いの世界では、星が逆行するとき、その星の担うテーマにおいて停滞や混乱、イレギュラーなことが起こる、と解釈されることが一般的です。ただし、この「イレギュラー」は「不運・望ましくない展開」なのかというと、そうではありません。

　私たちは自分なりの推測や想像に基づいて未来の計画を立て、無意識に期待し、「次に起こること」を待ち受けます。その「待ち受けている」場所に思い通りのボールが飛んでこなかったとき、苛立ちや焦り、不安などを感じます。でも、そのこと自体が「悪いこと」かというと、決してそうではないはずです。なぜなら、人間の推測や想像には、限界があるか

らです。推測通りにならないことと、「不運」はまったく別の
ことです。

　星の逆行時は、私たちの推測や計画と、実際に巡ってくる
未来とが「噛み合いにくい」ときと言えます。ゆえに、現実
に起こる出来事全体が、言わば「ガイド役・導き手」となり
ます。目の前に起こる出来事に導いてもらうような形で先に
進み、いつしか、自分の想像力では辿り着けなかった場所に
「つれていってもらえる」わけです。

　水星の逆行は年に三度ほど、一回につき3週間程度で起こ
ります。金星は約1年半ごと、火星は2年に一度ほど、他の
星は毎年太陽の反対側に回る数ヵ月、それぞれ逆行します。

　たとえば水星逆行時は、以下のようなことが言われます。

◆ 失せ物が出てくる／この時期なくしたものはあとで出てくる
◆ 旧友と再会できる
◆ 交通、コミュニケーションが混乱する
◆ 予定の変更、物事の停滞、遅延、やり直しが発生する

　これらは「悪いこと」ではなく、無意識に通り過ぎてしま
った場所に忘れ物を取りに行くような、あるいは、トンネル
を通って山の向こうへ出るような動きです。掛け違えたボタ
ンを外してはめ直すようなことができる時間なのです。

ボイドタイム―月のボイド・オブ・コース

　ボイドタイムとは、正式には「月のボイド・オブ・コース」
となります。実は、月以外の星にもボイドはあるのですが、月
のボイドタイムは3日に一度という頻度で巡ってくるので、
最も親しみやすい（？）時間と言えます。ボイドタイムの定
義は「その星が今いる星座を出るまで、他の星とアスペクト
（特別な角度）を結ばない時間帯」です。詳しくは占星術の教
科書などをあたってみて下さい。

　月のボイドタイムには、一般に、以下のようなことが言わ
れています。

　◆ 予定していたことが起こらない／想定外のことが起こる

　◆ ボイドタイムに着手したことは無効になる

　◆ 期待通りの結果にならない

　◆ ここでの心配事はあまり意味がない

　◆ 取り越し苦労をしやすい

　◆ 衝動買いをしやすい

　◆ この時間に占いをしても、無効になる。意味がない

　ボイドをとても嫌う人も少なくないのですが、これらをよ
く見ると、「悪いことが起こる」時間ではなく、「あまりいろ
いろ気にしなくてもいい時間」と思えないでしょうか。

とはいえ、たとえば大事な手術や面接、会議などがこの時間帯に重なっていると「予定を変更したほうがいいかな？」という気持ちになる人もいると思います。

　この件では、占い手によっても様々に意見が分かれます。その人の人生観や世界観によって、解釈が変わり得る要素だと思います。

　以下は私の意見なのですが、大事な予定があって、そこにボイドや逆行が重なっていても、私自身はまったく気にしません。

　では、ボイドタイムは何の役に立つのでしょうか。一番役に立つのは「ボイドの終わる時間」です。ボイド終了時間は、星が星座から星座へ、ハウスからハウスへ移動する瞬間です。つまり、ここから新しい時間が始まるのです。

　たとえば、何かうまくいかないことがあったなら、「365日のカレンダー」を見て、ボイドタイムを確認します。もしボイドだったら、ボイド終了後に、物事が好転するかもしれません。待っているものが来るかもしれません。辛い待ち時間や気持ちの落ち込んだ時間は、決して「永遠」ではないのです。

月齢について

　本書では月の位置している星座から、自分にとっての「ハウス」を読み取り、毎日の「月のテーマ」を紹介しています。ですが月にはもう一つの「時計」としての機能があります。それは、「満ち欠け」です。

　月は1ヵ月弱のサイクルで満ち欠けを繰り返します。夕方に月がふと目に入るのは、新月から満月へと月が膨らんでいく時間です。満月から新月へと月が欠けていく時間は、月が夜遅くから明け方でないと姿を現さなくなります。

　夕方に月が見える・膨らんでいく時間は「明るい月の時間」で、物事も発展的に成長・拡大していくと考えられています。一方、月がなかなか出てこない・欠けていく時間は「暗い月の時間」で、物事が縮小・凝縮していく時間となります。

　これらのことはもちろん、科学的な裏付けがあるわけではなく、あくまで「古くからの言い伝え」に近いものです。

　新月と満月のサイクルは「時間の死と再生のサイクル」です。このサイクルは、植物が繁茂しては枯れ、種によって子孫を残す、というイメージに重なります。「死」は本当の「死」ではなく、種や球根が一見眠っているように見える、その状態を意味します。

　そんな月の時間のイメージを、図にしてみました。

【新月】
種蒔き

芽が出る、新しいことを始める、目標を決める、新品を下ろす、髪を切る、悪癖をやめる、コスメなど、古いものを新しいものに替える

【上弦】
成長

勢い良く成長していく、物事を付け加える、増やす、広げる、決定していく、少し一本調子になりがち

【満月】
開花、
結実

達成、到達、充実、種の拡散、実を収穫する、人間関係の拡大、ロングスパンでの計画、このタイミングにゴールや〆切りを設定しておく

【下弦】
貯蔵、
配分

加工、貯蔵、未来を見越した作業、不要品の処分、故障したものの修理、古物の再利用を考える、蒔くべき種の選別、ダイエット開始、新月の直前、材木を切り出す

【新月】
次の
種蒔き

新しい始まり、仕切り直し、軌道修正、過去とは違った選択、変更

月のフェーズ

以下、月のフェーズを六つに分けて説明してみます。

● 新月　New moon

「スタート」です。時間がリセットされ、新しい時間が始まる！というイメージのタイミングです。この日を境に悩みや迷いから抜け出せる人も多いようです。とはいえ新月の当日は、気持ちが少し不安定になる、という人もいるようです。細い針のような月が姿を現す頃には、フレッシュで爽やかな気持ちになれるはずです。日食は「特別な新月」で、1年に二度ほど起こります。ロングスパンでの「始まり」のときです。

◐ 三日月〜 ◐ 上弦の月　Waxing crescent - First quarter moon

ほっそりした月が半月に向かうに従って、春の草花が生き生きと繁茂するように、物事が勢い良く成長・拡大していきます。大きく育てたいものをどんどん仕込んでいけるときです。

◑ 十三夜月〜 ◑ 小望月　Waxing gibbous moon

少量の水より、大量の水を運ぶときのほうが慎重さを必要とします。それにも似て、この時期は物事が「完成形」に近づき、細かい目配りや粘り強さ、慎重さが必要になるようです。一歩一歩確かめながら、満月というゴールに向かいます。

○ 満月　Full moon

新月からおよそ2週間、物事がピークに達するタイミングです。文字通り「満ちる」ときで、「満を持して」実行に移せることもあるでしょう。大事なイベントが満月の日に計画されている、ということもよくあります。意識してそうしたのでなくとも、関係者の予定を繰り合わせたところ、自然と満月前後に物事のゴールが置かれることがあるのです。

月食は「特別な満月」で、半年から1年といったロングスパンでの「到達点」です。長期的なプロセスにおける「折り返し地点」のような出来事が起こりやすいときです。

◑ 十六夜（いざよい）の月〜寝待月（ねまちづき）　Waning gibbous moon

樹木の苗や球根を植えたい時期です。時間をかけて育てていくようなテーマが、ここでスタートさせやすいのです。また、細くなっていく月に擬（なぞら）えて、ダイエットを始めるのにも良い、とも言われます。植物が種をできるだけ広くまき散らそうとするように、人間関係が広がるのもこの時期です。

◑ 下弦の月〜 ◗ 二十六夜月　Last quarter - Waning crescent moon

秋から冬に球根が力を蓄えるように、ここでは「成熟」がテーマとなります。物事を手の中にしっかり掌握し、力をためつつ「次」を見据えてゆっくり動くときです。いたずらに物珍しいことに踊らされない、どっしりした姿勢が似合います。

◆ 太陽星座早見表　牡羊座

（1930～2025年／日本時間）

太陽が牡羊座に滞在する時間帯を下記の表にまとめました。

これより前は魚座、これより後は牡牛座ということになります。

生まれた年	期　　間		生まれた年	期　　間	
1930	3/21　17:30 ～	4/21　5:05	1954	3/21　12:53 ～	4/21　0:19
1931	3/21　23:06 ～	4/21　10:39	1955	3/21　18:35 ～	4/21　5:57
1932	3/21　4:54 ～	4/20　16:27	1956	3/21　0:20 ～	4/20　11:42
1933	3/21　10:43 ～	4/20　22:17	1957	3/21　6:16 ～	4/20　17:40
1934	3/21　16:28 ～	4/21　3:59	1958	3/21　12:06 ～	4/20　23:26
1935	3/21　22:18 ～	4/21　9:49	1959	3/21　17:55 ～	4/21　5:16
1936	3/21　3:58 ～	4/20　15:30	1960	3/20　23:43 ～	4/20　11:05
1937	3/21　9:45 ～	4/20　21:18	1961	3/21　5:32 ～	4/20　16:54
1938	3/21　15:43 ～	4/21　3:14	1962	3/21　11:30 ～	4/20　22:50
1939	3/21　21:28 ～	4/21　8:54	1963	3/21　17:20 ～	4/21　4:35
1940	3/21　3:24 ～	4/20　14:50	1964	3/20　23:10 ～	4/20　10:26
1941	3/21　9:20 ～	4/20　20:49	1965	3/21　5:05 ～	4/20　16:25
1942	3/21　15:11 ～	4/21　2:38	1966	3/21　10:53 ～	4/20　22:11
1943	3/21　21:03 ～	4/21　8:31	1967	3/21　16:37 ～	4/21　3:54
1944	3/21　2:49 ～	4/20　14:17	1968	3/20　22:22 ～	4/20　9:40
1945	3/21　8:37 ～	4/20　20:06	1969	3/21　4:08 ～	4/20　15:26
1946	3/21　14:33 ～	4/21　2:01	1970	3/21　9:56 ～	4/20　21:14
1947	3/21　20:13 ～	4/21　7:38	1971	3/21　15:38 ～	4/21　2:53
1948	3/21　1:57 ～	4/20　13:24	1972	3/20　21:21 ～	4/20　8:36
1949	3/21　7:48 ～	4/20　19:16	1973	3/21　3:12 ～	4/20　14:29
1950	3/21　13:35 ～	4/21　0:58	1974	3/21　9:07 ～	4/20　20:18
1951	3/21　19:26 ～	4/21　6:47	1975	3/21　14:57 ～	4/21　2:06
1952	3/21　1:14 ～	4/20　12:36	1976	3/20　20:50 ～	4/20　8:02
1953	3/21　7:01 ～	4/20　18:24	1977	3/21　2:42 ～	4/20　13:56

生まれた年	期 間						
1978	3/21	8:34	~	4/20	19:49
1979	3/21	14:22	~	4/21	1:34
1980	3/20	20:10	~	4/20	7:22
1981	3/21	2:03	~	4/20	13:18
1982	3/21	7:56	~	4/20	19:06
1983	3/21	13:39	~	4/21	0:49
1984	3/20	19:24	~	4/20	6:37
1985	3/21	1:14	~	4/20	12:25
1986	3/21	7:03	~	4/20	18:11
1987	3/21	12:52	~	4/20	23:57
1988	3/20	18:39	~	4/20	5:44
1989	3/21	0:28	~	4/20	11:38
1990	3/21	6:19	~	4/20	17:26
1991	3/21	12:02	~	4/20	23:07
1992	3/20	17:48	~	4/20	4:56
1993	3/20	23:41	~	4/20	10:48
1994	3/21	5:28	~	4/20	16:35
1995	3/21	11:14	~	4/20	22:20
1996	3/20	17:03	~	4/20	4:09
1997	3/20	22:55	~	4/20	10:02
1998	3/21	4:54	~	4/20	15:56
1999	3/21	10:46	~	4/20	21:45
2000	3/20	16:35	~	4/20	3:38
2001	3/20	22:32	~	4/20	9:36

生まれた年	期 間						
2002	3/21	4:17	~	4/20	15:21
2003	3/21	10:01	~	4/20	21:03
2004	3/20	15:50	~	4/20	2:50
2005	3/20	21:34	~	4/20	8:37
2006	3/21	3:27	~	4/20	14:26
2007	3/21	9:09	~	4/20	20:07
2008	3/20	14:49	~	4/20	1:51
2009	3/20	20:45	~	4/20	7:44
2010	3/21	2:33	~	4/20	13:30
2011	3/21	8:22	~	4/20	19:18
2012	3/20	14:16	~	4/20	1:12
2013	3/20	20:03	~	4/20	7:03
2014	3/21	1:58	~	4/20	12:56
2015	3/21	7:46	~	4/20	18:42
2016	3/20	13:31	~	4/20	0:30
2017	3/20	19:30	~	4/20	6:27
2018	3/21	1:17	~	4/20	12:13
2019	3/21	7:00	~	4/20	17:55
2020	3/20	12:51	~	4/19	23:46
2021	3/20	18:39	~	4/20	5:34
2022	3/21	0:34	~	4/20	11:24
2023	3/21	6:25	~	4/20	17:13
2024	3/20	12:07	~	4/19	22:59
2025	3/20	18:02	~	4/20	4:55

おわりに

　これを書いているのは2022年8月なのですが、日本では新型コロナウイルスが「第7波」がピークを迎え、身近にもたくさんの人が感染するのを目の当たりにしています。2020年頃から世界を覆い始めた「コロナ禍」はなかなか収束の出口が見えないまま、多くの人を飲み込み続けています。今や世の中は「コロナ」に慣れ、意識の外側に置こうとしつつあるかのようにも見えます。

　2020年は土星と木星が同時に水瓶座入りした年で、星占い的には「グレート・コンジャンクション」「ミューテーション」など、時代の節目の時間として大いに話題になりました。2023年はその土星が水瓶座を「出て行く」年です。水瓶座は「風の星座」であり、ごく広い意味では「風邪」のような病気であった（症状は命に関わる酷いもので、単なる風邪などとはとても言えませんが！）COVID-19が、ここで土星と一緒に「退場」してくれれば！と、心から願っています。

　年次版の文庫サイズ『星栞』は、本書でシリーズ4作目となりました。表紙イラストのモチーフ「スイーツ」は、

2023年5月に木星が牡牛座に入ること、金星が獅子座に長期滞在することから、選んでみました。牡牛座は「おいしいもの」と関係が深い星座で、獅子座は華やかさ、表現力の世界です。美味しくて華やかなのは「お菓子！」だと思ったのです。また、「コロナ禍」が続く中で多くの人が心身に重大な疲労を蓄積し、自分で思うよりもずっと大きな苦悩を抱えていることも意識にありました。「甘いモノが欲しくなる時は、疲れている時だ」と言われます。かつて私も、猛烈なストレスを耐えて生きていた頃、毎日スーパーでちいさなフロランタンを買い、仕事帰りに齧っていました。何の理性的根拠もない「占い」ですが、時に人の心に希望をもたらす「溺れる者の藁」となることもあります。2023年、本書が読者の方の心に、小さな甘いキャンディのように響くことがあれば、と祈っています。

星栞 2023年の星占い
牡羊座

2022年9月30日　第1刷発行

著者　石井ゆかり

発行人　石原正康
発行元　株式会社 幻冬舎コミックス
　　　　〒151-0051　東京都渋谷区千駄ヶ谷4-9-7
　　　　電話 03-5411-6431（編集）
発売元　株式会社 幻冬舎
　　　　〒151-0051　東京都渋谷区千駄ヶ谷4-9-7
　　　　電話 03-5411-6222（営業）
　　　　振替 00120-8-767643

印刷・製本所：株式会社 光邦
デザイン：竹田麻衣子（Lim）
DTP：株式会社 森の印刷屋、安居大輔（Dデザイン）
STAFF：齋藤至代（幻冬舎コミックス）、
　　　　佐藤映湖・滝澤 航（オーキャン）、三森定史
装画：砂糖ゆき

検印廃止
万一、落丁乱丁のある場合は送料当社負担でお取替致します。幻冬舎宛にお
送り下さい。本書の一部あるいは全部を無断で複写複製（デジタルデータ化
も含みます）、放送、データ配信等をすることは、法律で認められた場合を除
き、著作権の侵害となります。定価はカバーに表示してあります。

©ISHII YUKARI, GENTOSHA COMICS 2022
ISBN978-4-344-85080-4 C0176　Printed in Japan
幻冬舎コミックスホームページ　https://www.gentosha-comics.net